이 책은 월경에 대해 성경이 뭐라고 말씀하는지 살피고 이를 기독 신앙에 연결함으로써, 여성의 몸에서 경험하는 하나님 창조의 신비와 은혜를 헤아리도록 안내해 준다. 월경은 기독교 역사 속에서 여성의 몸을 혐오하며 '여성성'을 열등하게 만든 종교적 기제가 되어 왔다. 그래서인지 여성들도 스스로 찝찝하고 불쾌한 감정에만 사로잡혀 월경의 신비와 은혜를 생각하지 못했다. 하지만 이 책의 저자 레이첼 존스는 여자로 존재한다는 것은 어떤 역할이 아니라, 하나님의 생명력과 성품을 지닌 존엄한 존재로서 자신의 몸을 포용하며 자유를 누리는 것이라고 조언한다. 이 책이 월경을 경험하는 여성이나 월경을 경험해 본 적 없는 남성 모두에게 하나님이 몸에 담아 놓으신 성(性)의 신비와 생명의 능력, 약함과 십자가의 지혜, 그리고 일상의 삶에 찾아오시는 하나님의 현존을 갈망하도록 이끌어 주리라 확신한다.

강호숙 비블로스 성경인문학연구소 연구원, 『여성이 만난 하나님』 저자

여성의 '피의 연대기'를 따라가면 하와를 창조하신 하나님을 만나게 된다. 이 책은 월경을 겪는 방식과 월경에서 완경까지 이어지는 과정을 통해 하나님이 우리에게 말씀하시고자 하는 것이 무엇인지, 또한 여성의 몸 너머로 구상하신 것들이 무엇인지를 구체적으로 깨달아 알게 한다. 마지막 책장을 넘기고 나면 귀찮고 불편한 일로만 여겨지던 월경이, 매달 하나님 앞에 새롭게 결단하는 자극이 되어 우리로 하여금 전혀 다른 출발점 앞에 서게 할 것이다. 월경을 경험하는 여성들이 자신에게 이 책을 선물해 주면 좋겠다. 또한 이제 막 월경을 시작한 사춘기 딸에게, 완경으로 힘들어하는 배우자나 친구에게, 사랑하는 교회의 지체들에게도 선물하기 좋은 책이다.

박효진 「국민일보」 기자, '깔창 생리대' 보도로 '이달의 기자상' '인권보도상 대상' 수상

월경에 관한 엄청난 신학적 고찰로서(그렇다, 정말로), 목회에 유익한 통찰과 격려로 가득하다. 이 중요한 주제를 찬찬히 다뤄 주는 사람이 있다는 것만도 좋은 일인데, 레이철이 이 일을 아주 훌륭히 해 내었으니 더더욱 좋다. 이 책이 많은 여성들에게 축복이 될 것이라 확신하지만, 누군가의 남편, 아버지, 오빠나 남동생, 목회자, (남성) 친구인 사람들도 읽어 볼 것을 강력히 권한다. 가정과 교회와 세상의 절반인 사람들을 잘 돌보고자 한다면 이 주제를 중요하게 여겨야 한다.

팀 체스터 복음주의 지도자, 크로스랜즈 창립 교수, 『십자가와 부활을 사는 일상 영웅』 저자

고백하건대 나는 '매달 그날'을 그저 멸시하는 눈으로 바라볼 뿐이었다. 그래서 월경을 신학의 시선으로 설명한다는 책에 조금 회의적이었다. 하지만 이 책은 불가능한 일을 해냈다. 월경을 바라보는 우리의 시선은 선천적으로 부정적이지만, 레이철은 그 부정적 시선이 바뀌어 삶의 모든 국면을 복음 및 하나님의 선한 목적에 따라 바라볼 수 있도록 익살스럽고도 솔직한(그러면서도 점잖은) 태도로 우리를 도와준다. 그렇다, 월경이라는 문제에 대해서까지 말이다.

세라 월튼 *Hope When It Hurts* 저자

재기 넘치고 신학적으로 건전하며 진정한 깊이를 갖춘 이 책은 여성으로 존재한다는 게 무슨 의미인지를 매혹적인 관점에서 파고든다. 그렇지만 이 책은 여성들만을 위한 책이 아니다. 읽어 보면 안다. 모두에게 매우 유익한 방식으로 깨우침을 주는 책이라는 것을.

린다 올콕 *Deeper Still* 저자

복음서에서 내가 좋아하는 한 장면은 예수님이 니고데모에게 구원을 설명하는 광경이다. 예수님은 어색해하거나 주저하는 기색 없이 태(胎), 물, 피 같은 여성의 생식 은유를 사용해 말씀하신다. 하지만 오늘날 교회에서 여성의 생식 주기는 우리의 신앙과 관련해 깊이 생각해 보는 것은 고사하고 입에 올리는 것조차 여전히 금기로 여겨진다. 하나님이 설계하신 것에 위엄을 더해 주고 그 구상에서 우리가 깨우치면 좋을 것을 고찰하게 해 주려 애쓴 레이철 존스에게 깊이 감사한다. 이 시대 문화에는 남성과 여성의 구분을 우리 눈앞에서 해체해 버리는 풍조가 만연하지만, 레이철은 우리 여성의 생리가 얼마나 소중한 선물인지, 그리고 이것이 신학을 얼마나 더 풍성하게 설명해 주는지 알려 준다.

젠 윌킨 『주 같은 분 없네』, *Ten Words to Live By* 저자

사무실에서 이 책의 첫 몇 페이지를 읽고서 함성을 질렀다. 레이철은 내 삶을 지배했던 한 이야기를 써 내려갔다. 비록 나는 그 이야기를, 생각하지 않고 참아 내는 일들을 모아 두는 내 영혼 깊은 곳 서류철에 꾹꾹 눌러 담아 놓았지만 말이다. 청소년 캠프 때 허리를 펴지 못할 만큼 생리통이 심해 온몸을 옹크린 채 고통스러워하던 기억부터, 40대 때 마지막 월경이 몇 주 내내 지속되다가 결국 자궁 절제 수술을 받고서야 출혈이 멈췄던 일에 이르기까지, 월경 주기는 30년 동안 내 삶을 지배했다. 레이철은 우리의 월경이 우리의 영적 삶과 별개가 아니라는 것을 일깨워 준다. 우리의 월경 주기는 우리의 인격이나 우리 안에 거하시는 성령과 분리될 수 없다. 레이철은 성경을 바탕으로 여성의 몸의 신학을 제시하며, 이는 생각을 유발하는 실질적 신학이다. 우리의 몸은 중요하다!

웬디 앨섭 *Companions in Suffering*, *Is the Bible Good for Women?* 저자

번거롭다. 성가시다. 불쾌하다. 찝찝하다. 월경은 이 모든 것을 합친 것일 수 있고 그 이상일 수도 있지만, 이 책은 전혀 그렇지 않다. 월경이라는 경이(驚異), 그리고 우리의 월경이 어떻게 우리에게 하나님을 가리켜 줄 수 있는지에 대한 위트 있고 통찰력 있는 안내서다. 그렇다, 정말로.

제니 폴록 *If Only* 저자

타인을 사랑할 때 본질적인 부분은 이해와 공감임이 분명하다. 남성이 그 같은 사랑을 하고자 한다면, 아주 간단한 첫걸음으로 이 책을 읽을 필요가 있다. 이제부터 나는 여성들의 삶에서 아주 큰 비중을 차지하는 영역에 관해 조금 더 잘 이해하게 될 것이다. 늘 그렇듯 레이철 존스는 짓궂은 미소를 지으며, 성경을 우리 삶에 적용하는 놀라운 능력으로 글을 쓴다. 유머와 신학이 어우러진 좋은 책이다.

리코 타이스 런던 랭엄 플레이스 올소울스 교회 담임목사, 『교회를 섬기는 당신에게』 저자

시대나 문화를 불문하고 역사를 통해 대다수 그리스도인들이 공통적으로 자주 소홀히 여겨 온 것이 있다. 바로 여성의 월경이다. 이 활력 넘치고 유익한 책에서 레이철 존스는 여성 특유의 경험이라는 그 조용한 북소리에 관해 신학적으로 고찰하면서, 고통스럽거나 창피스럽거나 혹은 정서적으로 힘들 수도 있는 일 한가운데서 우리가 하나님을 향할 수 있게 방향을 이끌어 준다. 월경이 자신의 삶에서 큰 역할을 하는 사람이든 전혀 아무 역할도 하지 않는 사람이든, 자신의 경험을 탐색하거나 사랑하는 사람의 탐색 작업을 지지하는 데 도움이 되는 성경적 지혜를 이 책에서 발견하게 될 것이다.

리베카 매클러플린 보커블 커뮤니케이션스 공동 설립자, 『기독교가 직면한 12가지 질문』 저자

월경, 어떻게 생각해?

IVP(InterVarsity Press)는
캠퍼스와 세상 속의 하나님 나라 운동을 지향하는
IVF(InterVarsity Christian Fellowship)의 출판부로
생각하는 그리스도인을 위한 문서 운동을 실천합니다.

A Brief Theology of Periods (Yes, Really)
Copyright ⓒ 2021 The Good Book Company
www.thegoodbook.co.uk
All rights reserved.

Korean edition ⓒ 2023 by Korea InterVarsity Press
156-10 Donggyo-ro, Mapo-gu, Seoul 04031, Republic of Korea.

월경, 어떻게 생각해?

여성성, 몸, 피, 고통, 삶의 의미에 대한 신학적 탐험

A Brief Theology of Periods (Yes, Really)

레이철 존스
오현미 옮김

Ivp

캐서린과 홀리에게 이 책을 바치며

자신의 경험을 들려준 것에 감사드립니다.

차례

들어가며 아주 많은 이유   11

1장 아주 큰 가능성   27
2장 아주 큰 고통   51
3장 아주 많은 난처함   81
4장 아주 많은 감정   115
5장 아주 짧은 시간   141

나가며 오직 피만이   169
부록 아주 많은 질문   177
참고 도서   200
감사의 말   202

일러두기
특별한 표시가 없는 본문의 주는 모두 저자 주(★)이며, 저자가 본문에서 출처를 밝힌 도서 정보나 웹사이트 주소는, 독서 흐름을 방해하지 않기 위해 주(○)로 표기하였습니다.

들어가며

아주 많은 이유

이 책을 구상하고 쓰기 시작한 이후 숱하게 되풀이해 온 한 가지 대화로 여러분을 안내하겠다.

A: [아무 의심 없이 좋은 의도로 질문하는 우리 교회 교인이라고 해 두자] 그래, 요즘 쓰고 있는 책 있습니까?
나: [짐짓 애매하게] 그게… 어… 네, 있는 것 같아요.
A: [어떤 대화를 하게 될지 모르는 채 해맑게] 오, 멋져요! 무슨 책인데요?
나: [숨을 깊게 들이쉬고 미소를 지어 보이며] 주기(period)에 관한 책이에요.
A: '시대'(periods of time)라고 할 때의 그 주기 말인가요?

나: 아니요, 월경 주기요. 있잖아요 그거, 생리.

A: [놀란 얼굴로] 아….

[대화 끊김]

왜일까?!

왜 월경에 관한 기독교 책을 쓰는 것일까?

수많은 이유가 있다….

1. 월경은 평범한 삶의 한 부분이다

명백한 것부터 먼저 이야기해 보자. 인구의 대략 50퍼센트, 그러니까 우리 삶의 상당 부분을 이루는 사람들에게 월경은 정기적인 현실이다. 여성은 평생 400-500번, 1년이면 60일 동안 월경을 한다. 크게든 작게든 월경 주기는 그 한 달 동안 우리의 일정, 우리가 하는 일, 우리의 기분 등을 구체적으로 결정짓는다. '그 달의 그 특정 기간'만이 아니라 그 기간을 넘어서까지 말이다.

대다수 여성에게 월경은 귀찮고 불편한 일이다. 어떤 여성들은 월경 기간 동안 심신이 허약해지기도 한다(이 점에 대해서는 2장에서 자세히 이야기하기로 하자). 어느 경우든, 여러분이 월경을 하는 사람이라면(혹은 원래 월경을 해야 하는데 하지 않는 사람이라도), 월경은 피할 수 없는 삶의 현실이다.

2. 성경은 삶의 모든 부분에 대해 이야기한다

여러분이 명백한 사실로 받아들였으면 하는 또 한 가지 이야기가 있다. 그리스도인에게는 신앙과 별개로 생각할 수 있는 영역이 단 하나도 없다. 하나님이 관심 없다고 직접 말씀하신 영역은 단 하나도 없다. 예수님이 주님이시라는 것과 우리가 하나님과 영원한 관계를 맺을 수 있게 하려고 그분이 죽으셨다는 것이 우주를 지탱하는 가장 중요한 현실이라면, 그 현실이 우리 일상의 현존을 구성하는 **다른** 모든 사실에 관한 사고방식을 형성해야 한다.

소셜 미디어를 어떻게 활용할 것인가 하는 문제에서부터, 무엇을 먹고 어디에서 일하고 잠을 얼마나 잘 것이며 누구와 잠을 잘 것이고 어떤 옷을 입어야 하는가 하는 문제에 이르기까지⋯ 어떤 면에서는(정도의 차이는 있지만) 이 모든 것을 **신학적 관점에서** 생각할 수 있다. 즉, 이 모든 일이 하나님이 세상에서 무엇을 하고 계시며 우리에게 세상을 어떻게 살라고 명하시는가에 관한 이야기에 딱 끼워 맞춰질 수 있다.

하나님의 말씀과 관련해 믿을 수 없을 만큼 놀라운 것은, 이 말씀이 **정말로** 삶의 모든 면을 향한다는 것이다. 그리고 소셜 미디어, 일, 여가, 성, 아름다움, 우정 등에 관해 성경이 뭐라고 말하는지를 알려 주는 책은 많고도 많다. 그런데 월경에 관해 말하는 책은? 그리 많지 않다. 하지만 그리스도인들이 이 문제에 관해 지나치게 점잔을 뺀다면 이는 성경이 그렇게 하기 때문이 아니다. 성경은 불쾌한 현실을 있는 그대로, 사실적으로 보여 준다. 성경은 난처한 실제 삶에 대해서 말한다. 고통과 인내에 대해, 부끄러움과 몸부림에 대해, 실망스러운 일과 상실과 사랑에 대해 말한다. 성경은 피에 대해서도 **많은** 말을 한다.

그러므로 월경이 삶의 일부라면, 그리고 성경이 삶의 모든 면에 대해 말한다면, 하나님은 우리가 월경을 겪는 방식에 대해서도 말씀하실 수 있으며, 실제로 말씀하고 **싶어 하신다**. 우리가 한 달 30일 내내 예수님과 동행하고자 할 때 하나님은 그런 우리를 지지해 주고 힘을 북돋아 주며 도전을 주고자 하신다.

3. 삶은 우리에게 복음을 이야기한다

이는 반대 방향으로도 작용한다. 성경이 현실의 삶에 관해 우리에게 이야기할 뿐만 아니라, 현실의 삶이 복음에 관해 우리에게 말해 주기도 한다. "까마귀를 생각하라"고 예수님은 말씀하신다. "백합화를 생각하여 보라"(눅 12:24, 27). **주위를 둘러보고, 하나님이 어떻게 일하시는지 보라고 예수님은 말씀하신다.**

좋다, 하나님은 **월경에 대해 생각해 보라고 확실히** 말씀하시지는 않았다. 하지만 우리가 사는 창조 세상이 창조주에 대해 말해 준다는 것은 일반 원리다(이에 대해서는 1장에서 더 상세히 다루겠다). 그래서 월경을 생각해 보는 것이 이제부터 우리가 이 책에서 할 일이다.

이는 월경이 그저 견디어 내거나 참아야 하는 일이 아니라는 뜻이다. 월경은 긍정적인 일일 수 있다. 우리의 존재를 떠받치는 영적 사실들을 일깨워 주는, 주 예수님께 우리의 시선을 고정시킬 기회를 제공해 주는 일 말이다.

어쩌면 이 말이 **정말** 이상하게 여겨지리라는 것을 잘 안다. 맞다, 내가 몇 달 동안 방에 들어앉아 월경 생각만 너무 오래 한 것일 수도 있다. 하지만 조금만 참고 들어 주기 바란다. 그럴 만한 가치가 있을 것이다.

4. 성경은 월경에 대해 말한다

1번부터 3번까지는 여러분이 이 책을 계속 읽어 나가기를 설득하는 내용이었다. 하지만 이렇게 길게 이유를 늘어놓았어도 성경이 월경에 대해 명확히 이야기한다는 말은 아직 시작도 안 했다.

성경에서 월경을 언급하는 부분 중 내가 개인적으로 좋아하는 이야기는 창세기 31장의 기이한 사건이다. 라헬은 아버지 라반의 소유인 집안 신상을 훔쳐서 남편 야곱과 함께 도주했다. 라반은 며칠 후 이들 부부를 따라잡고서는 도둑질한 것을 책망하며 이들의 짐을 뒤지기 시작한다. 우상을 낙타 안장에 숨기고 그 위에 앉아 있던 라헬은 라반이 자신의 장막에까지 들어와 뒤지자 "마침 생리가 있어 일어나서 영접할 수 없사오니 내 주는 노하지 마소서"라고 말한다. 결국 라반은 "그 드라빔을 두루 찾다가 찾아내지 못[했다]"(창 31:35). 어찌나 앙큼한지. 그러나 누구든 장인의 집안 신을 훔친 자는 죽임을 당할 것이라고 남편이 큰소리를 치는데 그 집안 신이 바로 내 낙타 안장 밑에 있다면, 꼼짝없이 그 위에 앉아 "여자들이 하는 것"(the way of women, ESV에서 아주 점잖게 번역하듯이) 핑계를 대는 수밖에 달리 무슨 도리가 있겠는가?

하지만 이 사건은 성경이 월경 중인 여성을 가장 유쾌하게 언급한 경우에 해당한다. 이미 알고 있을지 모르지만, 구약성경에서 월경 중인 여성은 불결하게 여겨졌으며(레 15장, 이 구절은 3장에서 자세히 다루겠다), 월경 중 성관계는 절대 해서는 안 되는 일이었다(레 18:19).

그러므로 오늘날 문화에서 사람들이 월경에 관해 말할 때, 기독교가 거론될 경우 거의 언제나 부정적으로 이야기가 오가는 것은 놀라운 일이 아니다. 기독교는 월경 관련 금기(禁忌)가 수 세기 동안 지속되게 만든 책임이 있다. '청교도적'이라는 말은 모욕하는 말로 쓰인다.

그렇다면… 이 책에서 기독교는 악역인가? 성경이 월경에 관해 하는 말이, 21세기 사람들이 이 문제를 바라보는 방식과 충돌할 때, 우리는 성경이 하는 말을 어떻게 이해해야 할까?

5. 성경을 의지해서 우리의 사고를 형성하지 않으면 우리 시대 문화가 우리의 사고를 형성할 것이다

솔직하게 말해 보자. 평범한 교회 목회자가 언제든 쾌히 월경에 관한 설교를 하려고 하지는 않을 것이다. 하지만 교회 바깥에는 그렇게 **하고자 하는** 이들이 많다.

지난 몇 년 사이 우리 문화에서는 월경에 관해 목소리를 내는 이들이 점점 많아졌다. 월경을 주제로 다루는 책과 팟캐스트도 폭발적으로 늘었다. 텔레비전과 영화와 광고에서도 월경 이야기가 점점 더 많이 등장하고 있다. 2019년에 '핏방울' 이모티콘이 드디어 스마트폰 메시지 어플리케이션에 등장했고, 1년 후 월경에는 심지어 팬톤(Pantone)이라는 고유의 색(당연히 붉은색)이 부여되었다. 소셜 미디어에는 월경 빈곤(period poverty: 월경용품을 사기 어려울 정도의 가난 — 옮긴이), 탐폰세(tampon tax: 생리대나 탐폰 등의 월경용품에 부과하는 세금 — 옮긴이), 자유 월경(free bleeding: 생리대나 탐폰 등으로 생리혈을 모으거나 차단하지 말고 자연스럽게 월경을 하자는 운동. 탐폰에서 자라는 박테리아 때문에 독성 쇼크 증후군이 생길 염려 때문이기도 하고 여성 자신의 편안함에 초점을 맞추자는 의도도 있다 — 옮긴이), 환경친화적 월경 관리 선택권, 건강 불평등, 성별 고통 격차(the gender pain gap: 여성 특유의 질환이나 통증에 대해 의료 서비스가 불균형하게 차별적으로 적용되는 것 — 옮긴이), 자궁 내막증 같은 특정 질환 이슈에 관한 생생한 대화들이 넘친다. 또한 월경하는 사람들을 뭐라고 불러야 할지에 대해서도 많은 대화가 오간다. 여성? 월경러?(menstruator) 이외에 다른 적당한 이름이 있을까?

한 가지 엄연한 사실이 있다. 우리가 읽거나 보거나 듣는 그 무엇도 이념적으로 중립이 아니라는 점이다. 이 모든 것은 우리가 어떻게 생각하고 어떻게 행동해야 할지를 교묘하게(혹은 그리 교묘하지 않게도) 지시한다. 우리가 읽고 보고 듣는 것들은 우리 삶에서 대체로 무엇이 좋고 무엇이 나쁘며 무엇이 중요한지에 관해 모두 나름의 메시지를 가지고 다가온다.

그러므로 어떤 주제 앞에서 주도적으로 **그리스도인답게** 생각하지 않으면 결국 세상이 하는 말에 따라 우리의 생각이 형성되고 말 것이다. 세상이 하는 말이 모두 틀린 경우도 드물지만, 그 말이 모두 맞지도 않을 것이다. 그리스도인에게 좋은 것, 나쁜 것, 중요한 것을 규정하는 기준은 성경이어야 한다. 우리는 문화에 관해 비판적으로 생각하는 법을 익힐 필요가 있다. 오류에서 진리를 걸러 내고, 어리석음 가운데서 지혜를 분별하며, 하나님의 말씀으로 우리의 사고를 형성할 수 있는 소양을 갖춰야 한다.

이는 어떤 주제에나 해당하는 말이지만, 특히 월경 문제는 아주 규칙적으로 우리를 찾아와 문을 두드린다. 월경용품을 착용하든, 혹은 속옷만 입고 자유 월경을 실천하든 말이다.

그리고 만일 목회자나, 누군가의 남편이나 아버지, 혹은 그리스도 안에서 형제 된 사람으로서 자매를 사랑하고자 이 책을 읽고 있는 남성이 있다면, 먼저 **감사를 드린다**. 이 책이 그 목적에도 도움이 되기를 바란다.

6. 월경에 관한 책 읽기는 다른 모든 것에 관해 생각해 보는 방법이기도 하다

어쩌면 여러분은 단순한 호기심으로 이 책을 집어 들었을지 모른다. "월경에 관한 기독교 책이라고? **이런** 책은 한 번도 본 적이 없는데."

하지만 이왕 여기까지 읽었으니, 월경만이 아니라 훨씬 더 많은 것을 생각해 보는 여정으로 여러분을 인도하고자 한다. 내 말을 오해하지는 말기 바란다. 매달 그날에 얽힌 더 많은 것을 생각해 보자는 뜻이다. 그러려면 월경보다 더 중요한 수많은 문제들도 다뤄야 한다. 우리는 어떻게 월경 문제가 몸을 소유한다는 것 혹은 죽을 운명을 겪는다는 것이 무슨 의미인지 생각해 볼 수 있는 도약대가 되는지 살펴볼 것이다. 더 나아가, 도대체 여성으로 존재한다는 것은 무엇인가 하는 질문도 던지게 될 것이다. 또한 인간의 목적과 삶의 의미에 관해 하나님은 어떻게 말씀하시는가 하는 문제와도 씨름하게 될 것이다. 이생에서 시간을 소비하는 방식에 관해, 그리고 영원한 세상에서는 무엇을 하며 시간을 쓰게 될지에 관해서도 생각해 보려 한다.

그리고 이 모든 질문이 월경이라는 출발점에서 비롯된다.

7. 이 책을 펴내는 것은 (거의 틀림없이) 끔찍하게 잘못된 아슬아슬한 게임이었다

월경에 관한 기독교 책을 쓴다고 하면 나를 이상한 사람으로 생각할지 모른다는 것을 잘 안다. 하지만 나는 정말로 이상한 사람이 아니다. 나는 월경을 하는 사람이자 성향상 어떤 문제를 파고들면 끝장을 보는 사람으로서 이 책을 쓰고 있다. 이 책을 써야겠다는 생각이 맨 처음 떠올랐을 때, 나는 누군가가 이 착상을 진지하게 받아들이리라고는 생각하지 않았다. 그래서 과연 사람들의 진지한 관심을 모을 **수 있을지** 알아보고 싶었다. 그런데 사람들은 내 생각을 진지하게 받아들였다. 내가 앞에서 말한 그 모든 이유 때문에 말이다.

그리고 1년이나 2년쯤 지난 지금, 우리는 이곳에 이르렀다. 월경에 관한 기독교 책이 내 이름을 달고 세상에 나왔고, 여러분은 그것을 읽고 있다.

자, 모두 잘 오셨다.

▎ 몇 가지 유의사항

이야기를 계속하기 전에 알아 둘 것이 몇 가지 있다.

첫째, 월경을 경험하는 방식은 **천차만별**이다. 이는 신체적인 면에 해당하는 말이다. 심지어 평균 월경 주기가 28일이라는 기본 개념에도 상당히 큰 편차가 있다. 런던 유니버시티 칼리지와 내추럴 사이클(Natural Cycles) 어플리케이션의 연구에 따르면, 실제 월경 주기가 28일인 여성은 겨우 13퍼센트밖에 안 된다고 한다. 월경은 사람에 따라 더 규칙적이거나 덜 규칙적이고, 월경 일수가 더 길거나 더 짧고, 통증이 더하거나 덜하고, 감정 동요가 더 심하거나 덜하다. 아니면 수많은 이유 중 어느 한 가지 이유로 월경을 아예 안 할 수도 있다.

월경을 어떻게 **느끼는가**도 문화, 가정 배경, 나이, 그리고 현재 인생의 어느 단계에 있느냐에 따라 차이가 아주 크다. 이제 집을 떠나 독립을 준비하는 18세 여성에게,

아기를 가지려고 노력하는 28세 여성에게, 혹은 48세 비혼 여성에게 월경은 각각 엄청나게 다른 의미로 다가온다.

그러나 월경을 어떻게 경험하든, 활력을 주고 생각을 유발하는 무언가를 이제 이 책에서 발견하게 되기를 바란다. 내가 그 모든 상이한 상황을 구체적으로 파악하고 설명하는 데 필요한 통찰을 갖추었기 때문이 아니라(사실 내게는 그런 능력이 없고, 있었던 적도 없다), 그저 성경이 뭐라고 말하는지 알아볼 것이기 때문이다. 앞에서 말했다시피, 나는 성경이 우리 모든 사람을 위해 삶의 모든 면에 대해 말한다고 확신한다. 지금 우리 눈에 삶이 어떻게 보이든 말이다.

둘째, 이 책은 여성 건강에 관한 책이 아니다. 그런 주제라면 다른 멋진 책들이 많고, 그중에는 나도 즐겁게 읽었고 여러분이 좋아할 만한 책들도 있다. 이 책에서 생물학을 조금 살펴보기는 할 테지만, 신학을 다루는 데 도움이 되는 한에서만 그렇게 할 것이다. 나는 의사가 아니고, 이 책을 쓴 것도 여러분의 월경 경험이 정상인지, 건강한지 등을 말하기 위해서가 아니다. **만약에라도** 월경 주기에 무언가 문제가 있는 것 같아 걱정이 되거나 월경 때문에 그날 하루에 해야 할 일을 정상적으로 할 수 없는 경우에는 **부디** 병원에 가 보기를 권한다. 부디. 내가 의학적 자문은 줄 수 없지만, 이 책을 다 읽을 즈음이면 월경에 대한 불쾌함이나 당혹감은 대체로 줄어들고 자신감과 희망은 늘어나서, 월경과 관련해 특별히 걱정되는 일이 있을 경우 거리낌 없이 의학적 도움을 구할 수 있게 되리라 생각한다.

셋째, 이 책의 어떤 부분은 읽어 나가기 힘들 수도 있다. 실은, 읽다가 화가 날 수도 있다. 월경 문제를 진지하게 다루면서도 지나치게 진지해지지는 않으려고 노력하기는 했지만, 성경이 우리에 관해(그리고 우리 몸에 관해) 언제나 듣기 좋은 말만 하지는 않는다는 사실을 간과할 수 없다. 그러나 어찌 되었든 귀 기울여 들을 자세가 되어 있다면, 빛으로 걸어 들어갈 준비가 되어 있다면, 성경이 하는 말이 우리를 자유롭게 한다는 것을 알게 될 것이다. 왜냐하면, 내가 여러분에게 보이고자 하는 것은 무엇보다도 예수님이기 때문이다. 자유와 소망과 생명을 풍성히 주려고 오신 분 말이다(요 10:10). 그분 안에는 정죄함이 없고 오직 은혜만 있다.

왜 월경에 관한 책을 쓰는가? 이 책 이야기를 했을 때 은근히 당혹스러워하는 교인들이 있었고 그들과의 대화는 이 책 11-12페이지에 쓰인 것처럼 진행되곤 했지만, 이와 반대로 두 눈을 반짝이며 "정말요? **너무** 좋아요. 책 언제 나오는데요?"라고 말하는 여성들을 더 많이 만났기 때문이다.

여러분이 바로 그런 사람이라면, 그리고 지금 이 부분을 읽고 있다면, 정말 반갑다. 책은 재미있을 것이다. 최소한 실제로 월경을 하는 것보다는 재미있을 것이다. 하지만 월경보다 재미있다는 것은 그다지 높은 기준이 아니므로 책 뒤표지에 적을 만한 광고 문구는 되지 못할 것이다. 그리고 이 책을 읽는다고 월경 경험이 더 유쾌해지지는 않겠지만, 월경을 조금이나마 긍정하게 되었으면 하는 것이 나의 바람이다. 이제부터 이어지는 내용은 신학적 호기심을 지닌 사람들을 위한 모험이라고 생각하라. 이 책은 피 흘리는 여성들과 피 흘림이 멈춘 여성들을 위한 책이다. 월경이 싫고 달마다 월경을 힘겹게 겪어 내고 있다면, 이 책은 바로 당신을 위한 책이다. 월경이 수월하게 진행되어서 사실 월경에 대해 이런저런 생각을 해본 적이 없다면, 이 책은 바로 당신을 위한 책이다.

여러분이 어떤 경우에 해당하든, 내 목표는 여러분이 이 책을 끝까지 읽고, 하나님이 여러분을 어떤 존재로 만드셨으며 어떻게 구원하셨는지를, 그리고 우리를 자유롭게 하는 긍정적인 진리를 그분이 인생의 모든 경험, 심지어 피 흘리는 경험을 향해서까지 말씀하신다는 사실을 찬양하게 되는 것이다.

1장

아주 큰 가능성

사람의 몸은 믿을 수 없을 만큼 놀랍다. 몸의 모든 부분이 다 그렇다.

이 책의 주제에 맞게 좀 더 정확히 말하자면, 여성의 몸은 믿을 수 없을 만큼 놀랍다.

물론 여성의 몸 '저 아래'가 **정말** 얼마나 놀라운지 제대로 생각해 본 적이 없을 수도 있다. 왜냐하면 누구도 확실히 말해 준 적이 없기 때문이다. 학교에서 배웠을 수도 있지만, 그런 유형의 교육은 내용도 천차만별이고 수업 시간도 대개 최소한이다. 그래서인지 구호단체 플랜(Plan)의 조사에 따르면, 영국의 여성 청소년 네 명 중 한 명은 마음의 준비 없이 초경을 맞았다고 답변했다.° 내 어머니는 초경을 맞았을 때 가엾게도 자신이 곧 죽을 거라고 생각하셨다고 한다. 그런 일이 있을 거라고 아무도 알려 줄 생각을 하지 않은 탓이다. 내 친구 마야(Maya)는 자신에게 일어난 일이 무엇인지 정확히 알았지만 이를 인정하고 싶지 않았기에, 애써 부인하며 그날 하루를 보냈다고 한다.

그게 아니라면, 학교에서 열리는 '사춘기에 대하여' 특강 때 선생님이 모든 걸 제대로 말씀해 주셨는데, 또 다른 내 친구처럼 도중에 기절해 버렸을 수도 있다. (친구는 늘 동영상 형식의 움직이는 그림 때문에 정신이 나갈 것 같았다고 주장했다.) 또 어쩌면 그 모든 게 그저 너무 오래전 일이라 기억이 안 날 수도 있다.

그래서 나처럼 기억을 되새겨야 필요가 있거나 앞에서 내가 한 말이 어쨌든 일리가 있다고 생각하는 이들을 위해 이야기하자면, 월경 때 여성의 몸에서는 다음과 같은 일이 벌어진다. 이는 내가 인식하든 못 하든 매달 내 몸에서 일어나는 대략 28일간의 호르몬 칵테일 파티 초대장이라고 생각하면 된다.

○ 린 엔라이트, 『버자이너』(Vagina), p. 103를 보라.

호르몬 칵테일 파티

1-6일(가량): 월경 첫날은 월경 주기 '첫날'로 간주되며, 모든 것을 확실하게 볼 수 있는 순간이기 때문에 판단에 도움이 된다. 눈에 보이는 물질을 우리는 보통 혈액이라고만 생각하지만, 임신이 되지 않으면 자궁 내벽이 스스로 떨어져 나오기에 여기에는 자궁 내막 세포와 자궁 조직이 포함되어 있다.

한편, 두 개의 난소 중 하나에서는 정말로 파티가 시작되는 중이다. 여기 어울리는 손님은 난포 자극 호르몬(FSH)으로, 뇌하수체에서 분비된다. 이 호르몬이 순조롭고 신속하게 도착하면, 난포들을 흥분시켜서 경쟁하게 만든다(술 마시기 게임이나, 술을 안 마시는 그리스도인의 경우라면 보드게임 같은 것이 벌어진다고 보면 된다). 경쟁에서 이긴 난포가 받는 상은, 다음번 난자를 배란해서 크고 넓은 자궁으로 보내 수정의 기회를 얻게 된다는 것이다. 가장 크고 건강한 난포가 이길 것이다.

7-13일: 이 시기는 월경 주기 1단계의 두 번째 부분이다('난포기'). 월경이 끝날 무렵이면 경쟁에서 이긴 다음 달의

난포가 선정된다. 이 난포에서 에스트로겐이 분비되고, 에스트로겐은 뇌 속의 뇌하수체에게 FSH 생성을 중단하라고 지시하며, 그리하여 상대적으로 크기가 작은 난포들이 성장을 멈춘 동안 그 우세한 난포는 계속 성숙해 간다(4밀리미터 미만에서 최대 25밀리미터까지 크기가 커진다). 에스트로겐은 자궁 내벽이 두꺼워지게 하고 자궁 경부액 생성을 촉진해 수정을 도울 뿐만 아니라, 더 적극적으로 사람들과 어울리고 싶게 하는 경향이 있다. 에스트로겐은 우스갯소리 잘하고 남자들에게 미소를 던지며 무대를 휘어잡아 파티장을 신나게 만드는 기분 좋은 손님이다.

14일: 배란기. 난소에서 생성된 에스트로겐이 뇌하수체에서 황체 형성 호르몬(LH)을 파티로 초청하면, 이 호르몬이 에스트로겐 분비를 더 촉진시키고, 마침내… 짜잔! 난포 오븐에서 난자 요리가 완성된다. 완성된 요리는 나팔관을 따라 차려지고, 손님인 정자와의 만남을 위해 약 12-24시간 동안 생명력을 유지한다.

15일 이후: 이제 월경 주기의 두 번째 단계('황체기')로 접어든다. 난자가 생성된 곳(즉, 난소)을 돌아보면, 텅 빈 난포는 분비선이 되어, 뇌에서 나오는 LH에 자극받아 또 다른 호르몬 프로게스테론을 생성한다. 프로게스테론은 필요할 경우 임신을 돕기 위해 대기하며 보살펴 주는 역할을 하지만, 이외에도 뼈 조직을 형성시켜 주는 등 건강에도 크게 이롭다. 프로게스테론은 하우스 파티보다는 '모임'을 좋아하고 때로 욕실에서 울며불며 소리 지르는 모습도 볼 수 있는 그런 종류의 호르몬이다.

이 단계에서는 자궁벽이 계속 두꺼워져 약 18밀리미터 두께가 된다(달리 말해, 월경이 끝날 즈음에 비해 네 배 이상 두껍다. 붉은 페인트층이 겹겹이 쌓인 것 같은 모양이다).

20일 이후: 프로게스테론과 에스트로겐 수준이 떨어지기 시작한다. 파티가 끝나고 손님들이 파티장에서 나와 흩어지는 것과 비슷하다. 그리고 바로 적시에 프로스타글란딘이 등장한다. 외출에서 돌아와 10대 자녀가 집에서 하우스 파티를 벌인 흔적을 발견한 부모처럼, 프로스타글란딘은 자궁 내막(자궁벽)에 청소를 지시한다. 지저분한 찌꺼기가 남았으므로 이제 치워 없애야 한다. (그런데 잠깐, 반대편 난소에서 또 다른 파티가 이제 막 시작되는 소리를 들었는가? 가서 점검해 보라!)★

500회

그러니까 이것이 바로 여러분의 몸 안에서 벌어지는 일이다, 그것도 매달. 누가 이걸 알았겠는가?

우선은, 나도 몰랐다. 이 책을 쓰기 전, 나는 대략 200회의 월경 주기를 겪었으면서도 앞에서 설명한 내용의 80퍼센트도 몰랐다. 내 월경 주기는 정교하게 조율되고 복잡하게 균형 잡힌 시스템으로서, 증가하다 감소하고 상황을 중단시키기도 하고 출발시키기도 하고 서로 '대화'도 하면서… 조화롭게 작용하는 호르몬이 특징이다. 이 모든 일은 내가 그렇게 하라고 말하지 않아도 진행된다. 내 난소는 의식적 지시를 기다리지 않고 신속히 다음 달 난자를 배출할 준비를 한다. 난소는 한 달 또 한 달, 평생 400-500회가량 자기 할 일을 한다. 대개는 내가 모르는 사이에 말이다.

솔직히 말해 놀랄 만하다.

★ 이 단락의 내용과 표현에 대해서는 메이지 힐(Maisie Hill)의 『월경의 힘』(*Period Power*, pp. 26-46)에 많은 빚을 졌다. 월경 주기의 생물학에 관한 메이지 힐의 설명은 내가 접한 것 중 가장 명쾌하다. 상세한 내용은 그 책을 참고하기 바란다.

그리고 그 단 한 쌍의 신체 기관과 내분비선이라니! 우리 몸에는 우리를 살아 있게 하고 건강하게 하는 순환계, 소화계, 면역계 등의 거미줄처럼 복잡한 체계가 있다. 이것을 다 알아야만 이 체계에서 유익을 얻는 것은 아니다.

그런 의미에서 몸에 깃들인 생명은 정말 믿을 수 없는 선물이다. 우리는 이 생명을 설계하지도 않았고, 돈 주고 사지도 않았으며, 이 생명 대부분을 의식적으로 통제하지도 않는다. 그리고 우리 대다수는 이 생명에 대해 그다지 많은 걸 알고 있지도 않다.

하지만 이 생명은 우리 것이다. 이 생명이 바로 우리다. 믿을 수 없는 일이다.

▎왜 월경인가?

그렇다, 월경은 **이런 식으로** 발생한다. 다음으로 이어질 질문은 월경은 **왜** 하느냐는 것이다.

생각해 보면 월경은 진화론적 관점에서는 무의미해 보인다. 월경은 자원을 너무 많이 쓴다. 자궁 내막이 그 정도로 두터워지려면 다량의 영양소가 필요하다. 인간을 제외하면 일부 유형의 영장류, 박쥐, 날땃쥐, 가시주머니쥐

등 작고 기묘한 포유동물 종류만 몸 밖으로 피를 흘려보낸다. 대다수의 다른 포유류는 현명하게도 자궁 내막을 다시 몸으로 흡수한다.

과학자들은 매달 일주일 동안 피를 흘리는 것이 왜 우리 몸에 이로운지에 관해 여러 이론을 내세운다. 하지만 그건 이론일 뿐이다. 우리는 왜 월경을 하는가? 정직한 과학자라면, 사실은 그 이유를 확실히 모른다고 말할 것이다.

하지만 성경은 이유를 알 **수 있다**고 말할 것이다. 아니, 그보다 성경은 우리 몸이 그 구상이나 세부적인 면에서 원래 하나의 메시지를 보내게 되어 있다고 말한다.

이는 신학자들이 '일반 계시'라고 부르는 원리다. 곧 피조물이 모두 우리의 창조주에 관해 무언가를 **드러낸다**는 개념이다. 성경은 "하늘이 하나님의 영광을 선포[한다]"(시 19:1)고, "창세로부터 그의 보이지 아니하는 것들 곧 그의 영원하신 능력과 신성이 그가 만드신 만물에 분명히 보여 알려졌[다]"(롬 1:20)고 주장한다. "만드신 만물"에는 우리의 몸도 포함된다. 창조 세계의 한 부분으로서 우리는 우리 창조주의 영광, 곧 하나님의 '하나님 되심'을 널리 알리는 작지만 놀라운, 살아 있는 광고물이다.

그러므로 우리의 몸은 **하나님**에 관해 무언가를 말해 준다. 몸은 우리를 초월하는 어떤 존재, 곧 설계자이자 수여자(a Giver)를 가리킨다. 또한 이 장에서 살펴보겠지만, 우리의 몸은 그분의 능력이 어느 정도이며 그분의 성품이 얼마나 선한지에 관해서도 무언가를 드러낸다. 시편 기자는 우주와 그 가운데 있는 인간의 자리를 바라보면서 "여호와 우리 주여, 주의 이름이 온 땅에 어찌 그리 아름다운지요"(시 8:1, 9)라고 찬양한다.

그뿐 아니라 우리의 몸은 우리 자신에 관해서도 무언가를 말해 준다. 우리의 몸은 단지 우리를 창조하신 분에 대해서만이 아니라 그분이 우리**를 위해** 창조하신 것이 무엇인지도 말해 준다. 이 점에 대해 낸시 피어시(Nancy Pearcey)는 다음과 같이 말한다.

> "우리는 창조 세상에서 하나님의 존재와 목적을 보여 주는 표지를 '읽을' 수 있다.…살아 있는 존재는 하나의 목적을 위해 체계를 갖춘다. 눈은 보려고 있고, 귀는 들으려고 있으며, 지느러미는 헤엄치기 위해 있고, 날개는 날기 위해 있다."
> 『네 몸을 사랑하라』(*Love Thy Body*, 복있는사람), p. 21

그리고 월경은… 자, 이제 그 이야기를 하려 한다.

우리의 몸에 우리를 위한 메시지가 있다는 이 개념은 세속적 관점에서 이 문제에 접근하는 비그리스도인들도 적어도 어느 정도는 감지한다. 비록 이들이 듣는 '메시지'가 하나님이 의도하신 것과는 다르지만 말이다. 예를 들어, 2019년 TED 강연에서, 부인과 의사이자 「뉴욕 타임스」(*New York Times*) 칼럼니스트인 젠 건터(Jen Gunter)는 이렇게 말한다.

"[임신을 위한] 발정기가 있는 경우 자궁 내막을 준비하라는 최종 신호가 배아에서 옵니다. 그러나 월경의 경우에는 그 선택이 난소에서 시작되지요. 선택권이 마치 우리의 생식 기관에 암호화되어 있는 것처럼 말입니다."

현장의 청중은 이 발언에 크게 환호를 보냈다. 이들은 이 발언이 임신 중절 합법화에 찬성하는 쪽(pro-choice)을 지지한다고 본 것 같다. 건터의 결론을 어떻게 생각하든(그리고 공식적으로 말하자면 나는 그 결론에 논리가 부족하다고 생각한다), 지금 이 순간의 요점은 어쨌든 그가 한 가지 결론을 내렸다는 것이다.

그리고 그리스도인인 우리에게 그런 결론이 놀라움으

로 다가와서는 안 된다. 로마서 1장은 인간이 진리를 **보기도** 하고 진리를 **억압하기도** 하는 이 중간 상태에서 움직인다고 말한다. "하나님을 알 만한 것"이 우리에게 보이지만, 우리는 하나님을 하나님으로 경배하기를 거부함으로써 "불의로 진리를 막[는다]"(롬 1:18-19). 우리의 몸을 보면 이 몸이 말하는 것을 듣지 않을 수가 없다. 하지만 우리 인간은 본능적으로 진리를 억압하는 자들이기에, 우리가 듣겠다고 선택하는 것은 우리 자신의 말이다.

하지만 좋은 소식은, 하나님의 메시지를 좀 더 선명하게 들을 수 있는 길이 있다는 것이다. 우리는 '일반 계시'만을 제한적으로 받는 게 아니라 '특별 계시'도 받는다. 오늘날 하나님이 우리에게 하시는 말씀을 들을 수 있는 주된 통로는 하나님의 말씀인 성경을 통해서다. 살아 계신 하나님은 성경을 통해 자기 자신을 나타내시며, 가장 중요하게는 우리가 어떻게 해서 그리스도를 통해 구원받을 수 있는지를 계시하신다. 그리스도보다 더 특별한 분은 없다. 하지만 우리에게는 우리 눈을 열어 진리를 보게 하시는 성령이 계셔야 한다. 그래야 성경의 렌즈를 통해 세상을 보고 하나님이 하시는 말씀이 무엇인지 들을 수 있다.

그리고 그것이 바로 이 책의 이면에 있는 원리다.

우리는 자궁을 포함해 우리 몸을 살펴볼 것이고, 우리 몸이 하나님에 관해 그리고 하나님의 세상에서 사는 삶에 관해 무언가를 말해 준다는 점을 알게 될 것이다. 이어서 하나님의 말씀을 살펴볼 것이며, 이 말씀이 우리 몸에 관해, 하나님에 관해, 하나님의 세상에서 사는 삶에 관해 무언가를 말해 준다는 점을 알게 될 것이다. 그런 다음 이 두 가지를 종합해 보면 실제로 두 가지 모두 더욱 의미가 통하게 된다는 점을 깨닫게 될 것이다.

그러므로 이제 듣기를 시작해 보자.

▎월경은 하나님에 관해 무엇을 말하는가

월경 주기라는 작은 기적의 경이로움에 대해서는 앞에서 살펴보았다. 인간의 지능을 뛰어넘는 지능을 소유한 설계자의 존재를 암시하는 요소들도 이미 살펴보았다. 몸에 깃든 생명이 믿을 수 없는 선물이라면, 우리 존재 이면에는 그 선물을 후히 주신 분이 틀림없이 계시리라는 것이다.

성경의 처음 몇 장에는 이런 사실들이 단지 암시만 되어 있지 않다. 성경은 첫마디에서부터 이 사실을 선언한다.

태초에 하나님이 천지를 창조하시니라.

창 1:1

창세기 1장의 이어지는 이야기에서는 온갖 생명과 색채의 소요가 벌어진다. 망망대해가 펼쳐지고 하늘은 활짝 열렸으며, 씨앗에서 식물이 움트고, 새와 짐승은 폭발하듯 생겨나 뛰어오르고 기어오르고 충만하여 무리 짓고 헤엄치며 꽥꽥거리고 끽끽거린다.

다만 이는 소요라기보다 세심히 안무(按舞)된 춤으로, 각 공간과 그 속의 피조물이 "종류대로" 꼼꼼히 배열되었다. 노련한 커플이 무도장을 빙빙 돌며 춤추는 광경처럼, 하나하나를 각각 지켜보는 것도 즐겁지만 이들 모두를 하나의 전체로 조망하면 정말 장관이다. 무용수들은 계절이라는 음악에 따라 때맞춰 솟구쳐 오르거나 내려앉고, 우아하게 회전하며 서로를 지나쳐 간다. 하나님이 새 커플을 소개하시고 이들이 무대에 오르면 모든 것이 훨씬 더 경이로워진다. 빛과 어둠, 땅과 하늘, 육지와 바다, 풀과 나무, 해와 달, 조류와 어류, 가축과 들짐승. 창세기 이 첫 장을 읽노라면 마치 하늘의 시점에서 창조 세상을 구경하라고, 함께 구경하면서 하나님의 환호를 들으라고 초대를 받은 것 같다. 보기 좋다고 하시는 환호를.

그러다가 갑자기 우리 자신이 무대로 부름을 받는다. 남자와 여자가 등장하는 것이다.

> 하나님이 이르시되, "우리의 형상을 따라 우리의 모양대로 우리가 사람을 만들고, 그들로 바다의 물고기와 하늘의 새와 가축과 온 땅과 땅에 기는 모든 것을 다스리게 하자" 하시고
>
> 하나님이 자기 형상
> 　곧 하나님의 형상대로 사람을 창조하시되
> 　남자와 여자를 창조하시고.
> 창 1:26-27

이제 하나님의 형상을 지닌 이들이 자리를 잡자, 창조 세상은 심히 좋다(31절).

처음의 그 며칠처럼 오늘날에도, 하나님이 만드셔서 우리가 볼 수 있는 모든 것(또한 볼 수 없는 모든 것)은 명철하시고 상상력이 넘치시고 능력 있으시며 너그러우시고 선하신 창조주에 대해 말한다. 이는 바로 우리 자신에게도

해당한다.

또한 이는 우리 눈에 보이지 않는 부분을 포함해 우리의 가장 은밀한 부분에도 해당한다. 바라기는, 뇌에 숨겨진 호르몬이 자궁에서 어떤 일이 일어나게 만들 수 있다는 사실로 내 마음이 계속 크게 감동했으면 한다. 월경은 거의 매달 선명한 붉은색 충격으로 나를 놀라게 할 수도 있고(나는 월경 날짜를 그다지 부지런하게 계산해서 준비하는 사람은 아니다) 내 월경 주기는 대부분 내 이해를 초월한 채로 있지만, 하나님의 이해를 초월하지는 않는다. 하나님은 모든 것을 다 아신다. 왜냐하면 하나님이 모든 것을 만드셨기 때문이다. 그리고 월경은 하나님이 내 몸 너머에 구상하신 것은 물론 내 몸 안에 구상하신 모든 것의 자그마한 한 조각일 뿐이다. 하나님은 그 **정도로** 지식이 많으시고, **그 정도로** 창조적이시며, 그 **정도로** 능력 있으시고, 그 **정도로** 선하시다. 솔직히 말하자면 하나님은 우리가 헤아릴 수 없는 분이시다.

인정하건대, 월경을 할 때 내 생각은 보통 그 정도에까지 미치지 못하는 게 틀림없다. 내 사고 과정은 '와' 하고 감탄하면서 '하나님을 찬양하는' 단계로 도약하지 못한다. 하지만 그렇게 될 수 있으며, 그렇게 되어야 한다. 그러면 아마 기분이 나아질 것이다. 시편 기자는 하나님이 "내 내장을 지으[셨다]"고 하는데, 그때 그의 생각이 미치는 지점이 바로 거기다. "내가 주께 감사하옴은 나를 지으심이 심히 기묘하심이라"(시 139:13-14). 우리가 우리 몸에 대해 알면 알수록 감사할 것도 많아진다.

그렇다고 해서 월경 **자체가** 반드시 하나님의 심히 좋은 독창적 창조의 한 부분이었다는 말은 아니다(이는 흥미로운 문제인데, 원한다면 177페이지의 부록에서 함께 이 문제와 씨름해 볼 수 있다). 다만 이는 월경을 통해 우리가 우리 몸의 복잡한 피조성(被造性)을 매달 생생히 떠올리게 **된다**는 말이다.

그러니 성경의 렌즈를 통해 우리 몸을 바라볼 때, 창조주를 경배하는 것 말고 우리가 할 수 있는 일이 무엇이겠는가?

▮ 월경은 우리 자신에 관해 무엇을 말하는가

우리 몸은 단지 창조주에 대해서만 말하지 않는다. 우리 몸은 우리에 관해서도 무언가를 말해 주며, 하나님이 우리를 창조하신 놀라운 목적도 말해 준다. 그리고 이 문제와 관련해서도 성경은 우리를 에워싼 진실을 조명해 준다.

하나님이 자기 형상

곧 하나님의 형상대로 사람을 창조하시되

남자와 여자를 창조하시고

하나님이 그들에게 복을 주시며 하나님이 그들에게 이르시되, "생육하고 번성하여 땅에 충만하라, 땅을 정복하라, 바다의 물고기와 하늘의 새와 땅에 움직이는 모든 생물을 다스리라" 하시니라.

창 1:27-28

첫 인간은 '복을 받았다.' 이들은 하나님의 넘치는 사랑, 호의, 아량의 복된 수혜자다. 앞서 만들어진 모든 것들과 달리 인간은 하나님의 형상으로 창조되었다. 그 복과 더불어 이들에게는 한 가지 독특한 사명이 주어진다. 이 사명은 때로 '문화 명령'이라고도 불린다(28절). 앞의 성경 구절에는 여러 함축적 의미가 오롯이 실려 있지만, 이 책의 주제를 고려하여 그중에서 두 가지만 살펴보도록 하자.

첫째, 우리 몸은 선하다. 우리 몸은 인간으로서 우리 존재를 구성하는 근본적인 부분이다. 아담은 하와를 처음 만날 때 하와를 가리켜 "내 뼈 중의 뼈요 살 중의 살이라"

(2:23)고 선언한다. 우리라면 '내 영혼 중의 영혼'이나 '내 마음 중의 마음'이라고 했을 텐데, 아담은 그렇게 말하지 않는다. 그렇다고 해서 우리 안에 있는, 인간을 구성하는 일부가 한낱 몸이라는 **집에 거한다**는 뜻이 아니다. 우리는 이생에서 몸이라는 **덫에 갇힌** 채, 다음에 올 세상에서는 이 덫에서 자유로워지기를 기다리는 게 아니다. 절대 그렇지 않다. 인간은 **몸으로 구현된** 영혼이며, 새 창조 때(우리 몸이 완전하게 되는 때)도 계속 그러할 것이다.

우리의 인간됨, 우리의 피조물성에는 무언가 **육체적인** 성질이 있다. 확신컨대, 우리는 우리의 몸 이상…의 존재다. 하지만 어느 하나라도 없으면 우리는 존재할 수 없다. 마음, 몸, 영혼이 모두 함께 묶여 전체를 이룬다. 또한 나머지 창조 세상과 마찬가지로 우리의 몸도 **선하다**.

이것이 바로 월경이라는 주제를 생각할 때 특별히 중요하게 기억해야 할 점이다. 월경이라고 하면 고통스럽거나 부끄러운 것을 연상하는 이들이 많기 때문이다. 이에 대해서는 뒤에 이어질 장들에서 다루겠다. 우리의 참 자아를 몸과 구별되는 것으로 여기는 경향이 있는 문화에서도 역시 이를 기억하는 것이 중요하다. 창세기의 이 구절은 우리의 생물학적 성(性)이 부적절하지 않다는 사실을 일깨워 준다. 성은 처음부터 하나님의 구상에 속한 부분이다.

성경이 몸을 강조한다는 것은 그리스도인에게 왜 월경이 정말로 생각해 볼 만한 가치가 있는지를 설명해 준다. 월경은 신학 영역 바깥에 있지 않다. 또한 어떤 식으로든 제자도의 범주에 속하지 못할 만큼 저속한 문제도 아니다. 우리 몸은 중요하기에, 그리고 여성의 몸은 무언가 특별한 일을 하기에(출혈이 있든, 원래 출혈이 있어야 할 때 출혈이 없든), 우리는 이 사실이 우리에게 육체적으로, 정서적으로, 영적으로 어느 정도 영향을 끼칠 것을 예상해야 한다. 우리 영혼을 화장실 칸막이 밖에 버려둘 수 없는 것과 마찬가지로 우리 몸도 그렇게 할 수 없다. 하나님이 이 모든 것을 창조하셨고, 이 모든 것을 살피시고, 이 모든 것을 돌보신다. 우리도 그렇게 할 수 있다.

둘째로, **우리 몸에는 한 가지 목적이 있다.** 하나님은 인간을 남자와 여자로, 구별은 되지만 함께하는 존재로 만드시고 이렇게 말씀하신다. "생육하고 번성하여 땅에 충만하라, 땅을 정복하라." **가서, 다른 인간과 어울려 땅에 충만하라.** 성교육 시간에 기절을 했든 안 했든, 나는 땅에 충만해지는 그 **일이** 어떻게 일어나는지 우리가 이렇게 저렇게

다 알게 된다고 믿는다. 인간이 땅에 충만하려면 남자와 여자가 있어야 한다. 구별은 되지만 함께하는 존재로 말이다. 하나님은 인간에게 명령을 주시고 그 명령을 이행할 수 있는 생물학적 수단을 인간의 몸에 심어 주신다(여성의 경우 난소, 자궁, 자궁 경부, 질 등 출산 과정에서 **온갖 방식으로 늘어나고 잡아당겨지고 벌어질 수 있는** 기관을 포함해).

이는 친숙한 '일반 계시'로 뒷받침된다. 앞에서 인용한 낸시 피어시의 말을 풀어 설명하자면, 눈은 보기 위해 있고 귀는 듣기 위해 있으며 자궁은… 태아를 키우기 위해 있다.

그리고 이 역시 선한 일이다. 월경이 생물학적 측면에서 감동적이긴 하지만, **몸 안에 인간을 키우는** 과정은 전혀 차원이 다른 일이다(또한 전혀 다른 차원의 통증이 수반되는 일이기도 하지만 말이다). 자그마한 아기를 품에 안을 때 어쩌면 그 경이를 느낄 것이다. 이 인격체는 전에는 존재하지 않았지만 이제는 존재한다. 포대기에 싸여 품에 안긴 이 존재는 한낱 포유동물이 아니라 한 인격체다. 이 인격체는 경외로우신 우리 하나님의 형상을 지닐 뿐만 아니라 그에 동반되는 모든 가능성과 목적과 특권을 지닌다. 여자의 몸은 하나님이 주신 능력을 지니도록 지어졌다. 새 생명을 세상에 내어놓는 능력, 곧 하나님의 형상으로 새 인간을 "창조"하여 하나님의 창조에 참여하는 능력이다. 이는 마치 하나님이 창세기 1장의 경이(驚異)를 안무하신 그 우주적 '무대'가 우리 자궁으로 축소되어 들어와, 창세기의 그 기적이 초소형으로 재현되는 것과 같다.

창세기 1:28에서 하나님이 이 설계에 '복을' 선언하신 것도 당연하다. 이어지는 성경 기록에서 우리는 사라, 라헬, 레아, 룻, 한나 등 어머니가 되기를 갈망했고 실제로 어머니가 되어 축하를 받은 여성들의 면면을 대대로 확인하게 된다.

어머니가 되는 기쁨에 대해서는 월경 주기에 감사를 돌려야 한다. 내 친구 홀리(Holly)의 말을 빌리자면 이렇다.

"월경에는 좋은 점이 전혀 없었다. 하지만 2년 전 아들을 낳은 이후로는 월경 주기에 새삼 감사하게 되었고 월경 주기 덕분에 자그마한 생명을 내 몸 안에 키우고 품을 수 있다는 것을 새로이 인식할 수 있었다. 엄마 노릇은 생각했던 것보다 훨씬 힘들었다. 하지만 아이의 존재는 그저 눈이 부시고, 나는 세상을 다 줘도 바꾸지 않을 만큼 아들을 사랑한다."

월경이 시작될 때 이를 몸속의 모든 상황이 대체로 아무 문제 없이 돌아가고 있다는 징후로 우리 능력껏 '읽어 내는' 한 가지 방법은, "하나님이 나를 몸속에 아기를 키울 능력이 있는 여자로 지으셨다. 그건 정말 멋진 일이다"라고 기억하는 것이다.

이제, 여기까지 읽고는 책을 덮는 분들이 있을지도 모른다.

첫째로, 내 말이 자칫 '아기를 낳는 것이 여자의 목적'이라는 뜻으로 들리면 21세기 사람들에게는 정말 모욕적일 것이기 때문이다. 둘째로, 몸속의 모든 상황이 아무 문제 없이 돌아가지 않고, 그래서 때로 월경이 늦어지거나 월경 양이 지나치게 많거나 월경을 드문드문하게 하거나 월경이 아예 없거나 통증이 너무 심하거나 하는 증상을 보이는 여성들이 많기 때문이다. 그리고 임신하려 노력 중일 때는, 매달 월경이 시작될 때마다 임신이 안 됐다는 실망감에 사로잡힌다. 그리고 어쩌면 앞으로도 결코 임신이 안 될지 모른다는 슬픔과 두려움의 물결이 밀려들지도 모른다. 이는 고통스러운 정서적·육체적 현실이다. 이 부분에 대해서는 나중에 더 깊이 살펴볼 테지만, 이런 문제가 있다는 것은 여기서 알고 넘어가야 한다. 엄마가 된 것을 너무 과도하게 축하하지 않도록 조심하는 게 적절할 때가 있다. 여러 이유로 모든 여성이 다 그런 경험을 하는 것은 아니기 때문이다(또는 엄마가 되기를 원하지 않는 여성도 있다). 나는 나이가 서른 살에 가까운 싱글이며, 솔직히 말해 아이를 가지게 될 거라고 기대하지 않는다.

이 때문에 나는 이 장의 메시지가 단순히 '여자의 목적은 오로지 혹은 주로 아기를 갖는 것'이 아니라는 사실에 누구 못지않게 안도하고 있다. 우선, "땅에 충만하라"는 명령을 받은 사람은 남자와 여자다(남자나 여자 어느 한 편이 이 명령을 이행하는 데 필요한 능력을 혼자서 다 갖추지는 못한다). 또한 땅을 "다스리라"는 두 번째 명령도 남자와 여자가 함께 받는다. 땅을 다스린다는 것은 개별적 존재로서가 아니라 인류 차원에서 공동체를 세우고 문화를 창조하는 필생의 일이다. 그뿐 아니라, 신약에서 "가서 모든 민족을 제자로 삼[으라]"(마 28:19)는 명령을 받는 것도 남자와 여자 함께다. 세상에 새로운 **영적** 생명을 안겨 주라는, 하나님의 형상을 지녔을 뿐만 아니라 그리스도의 형상으로 빚어져 가는 제자들을 '다시 만들어 내라'는 이 새로운 사명이야말로 가장 중요한 일이다.

그러므로 이는 **단지** 아기에 관한 문제가 아니지만…

그럼에도 아기는 선하다. 자녀를 낳아 키우는 건 좋은 일이다. 엄마 노릇도 좋은 일이다. 개인적 차원에서라면 어떤 경우든 인간의 몸이 지닌 창조하고 확장하고 생식하는 능력을 축하하는 게 옳다. 그리고 이와 동시에 우리는 오늘날 하나님의 백성을 위해, 모든 신자가 교회라는 몸이 지니는 창조하고 확장하고 재생산하는 능력으로 자기 역할을 하는 데서 특권과 목적을 찾는 것을 기뻐하고 축하할 수 있다(이에 대해서는 5장에서 더 알아보자).

여러분의 몸은 믿을 수 없을 만큼 놀랍다. 여성 여러분의 몸은 믿을 수 없을 만큼 놀랍다. 그 복잡한 설계의 모든 면면은 이를 설계하신 놀라운 분에 대해 말해 준다.

그러므로 월경 주기는 그저 지저분한 문제가 아니다. 월경 주기는 신비 그 이상이다. 이는 하나님의 형상을 지니고 하나님의 영광을 드러내는 존재로서 여성의 몸에 있는 생명의 한 부분이다.

2장
아주 큰 고통

케이틀린(Caitlin)의 월경은 힘든 중에서도 정말 힘든 편이다. 근무 중이거나 외출 중일 때 월경이 시작되면, 몇 시간 후 서 있지도 앉아 있지도 못하게 만드는 월경통이 시작되기 전에 서둘러 집으로 돌아가야 한다.

게다가 구역질도 나온다.

설사까지 한다.

집에 도착하지 못했는데 증상이 시작될 때도 있다. 한번은 부모님 집으로 가다가 결국 집에서 얼마 떨어지지 않은 곳 길바닥에 태아처럼 웅크린 자세로 주저앉아 있었던 적도 있다.

케이틀린 부부는 자기들이 전국 각지에서 찜질용 팩

을 수집한다고 농담을 한다. 월경은 꼭 이들 부부가 여행 중일 때 예기치 않게 시작되는 습관이 있는 것 같다. 그럴 때면 휴가 일정을 포기하고 남편을 그 동네 마트나 약국에 보내 이 유감스럽기 짝이 없는 기념품을 사 오도록 해야 한다. 지나고 나면 한바탕 웃을 수 있는 일이지만, 월경이 한창 진행 중일 때 통증을 줄이려고 배에 얹어 놓은 뜨거운 팩 때문에 피부가 빨갛게 익다시피 하는 것을 보면 케이틀린도 남편도 결코 웃지 못한다.

케이틀린은 몇 년 전 처음으로 병원을 찾았다. 의사는 아무 문제도 없다고 케이틀린의 걱정을 일축했다. 올해 초 케이틀린은 다시 병원을 찾았다. 이번에는 월경 때의 갖가지 증상을 포함해, 의사에게 하고 싶은 말을 미리 꼼꼼히 적어 갔다. 지난번처럼 별일 아닌 것으로 취급받지 않겠다고 단단히 마음먹었다. 이번에는 일반의의 진료가 훨씬 도움이 되었다. 의사는 전문 병원을 소개해 주었고, 그 병원에서 케이틀린은 정밀 검사를 예약했다… 여섯 달 후로. 케이틀린은 그때까지 기다려야 한다.

비(Bea)는 이보다 더 심한 경우다. 월경이 시작되면 비가 가르치는 어린아이들도 선생님의 안색이 어두워지고 통증으로 허리를 못 펴는 것을 보면서 무언가 문제가 있다는 것을 알아차릴 정도다. 비는 내게 말하기를, 몸 안팎을 정밀 검사하고 난 다음에 2주간 휴가까지 받아서 탐색 수술[exploratory operation: 원인 불명의 증상이 있을 때 장기와 조직을 시진(視診)하고 촉진(觸診)하기 위해 신체 일부를 절개하는 수술－옮긴이]을 받았다고 한다. 비는 뭐라도 해결책이 나오기를 간절히 기다렸다.

그러나 해결책은 없었다.

의사들은 비를 퇴원시켰다. 더 할 수 있는 일이 없었다. 비가 가장 두려워하는 것은, 나중에 아기를 낳지 못할 수도 있다는 것이다. 정말 그렇게 될지 안 될지는 의사들도 알지 못한다. 문제가 무엇인지 모르기 때문이다. 이따금 비는 하나님이 왜 이런 일이 일어나게 하시는지 궁금해한다.

▎월경은 아프다

월경 주기에 얼마나 많은 문제가 생길 수 있는지 알면 아마 깜짝 놀랄 것이다. 월경 곤란증(월경통), 무월경, 자궁 내막증, 다낭성 난소 증후군, 자궁 근종, 암 등 이름조차도 험악한 심술궂은 이복 언니들을 다 모아 놓은 것 같다. 이

골치 아픈 문제들은 수많은 방식으로 모습을 드러낸다. 성교통(性交痛), 월경통, 월경을 너무 길게 하거나 짧게 하는 것, 월경 양이 너무 많거나 너무 자주 하거나 혹은 예측할 수 없을 만큼 불규칙하게 하는 것이 그런 예다. 게다가 불임과 유산은 다른 증상과 달리 특별한 가슴 아픔을 안긴다.

자궁 내막증에 대해 인식을 높이려는 목소리들이 늘고 있다. 자궁 내막증은 자궁벽(자궁 내막)의 세포 조직이 복강의 다른 기관에 들러붙는 증상이다. 그래서 매달 월경 때 호르몬 신호가 나와 자궁벽을 벗겨 낼 때 문제가 발생한다. 저널리스트 에마 바넷(Emma Barnett)은 이때의 통증이 "[도시] 공원을 기분 좋게 산책했어야 할 시간에 뼈들이 서로 어긋나면서 마치 쇠사슬이 복부를 잡아당겨 나를 바닥으로 끌어내리는 것 같은" 느낌이라고 묘사한다.° 전체 여성의 10퍼센트 정도가 자궁 내막증에 걸리는 것으로 추산되는데, 영국에서는 자궁 내막증으로 진단받기까지 평균 7.5년이 걸린다.∞

월경 중에 육체적인 고통보다 정신적 괴로움으로 힘

° 에마 바넷, 『월경』(*Period*), p. 71.
∞ 자궁 내막증 UK(Endometriosis UK).

들어하는 여성들도 있다. 우울감이나 불안과 싸우는 여성들 중에는 월경 전이나 월경 중에 이런 감정들이 더 날카로워지는 경우가 많다고 한다. 게다가 여성 중 3-8퍼센트가 깊은 우울, 불안, 그리고/혹은 짜증 등 월경 전 불쾌 장애(premenstrual dysphoric disorder, PMDD)를 겪으며, 이는 월경 주기의 특정 단계와 관련 있다.°

이런 예들은 극단적이지만 결코 드물지 않다. 아마 여러분도 이와 비슷한 경험을 할지 모르고, 그것이 바로 이 책을 집어 든 이유일 수도 있다. 어쩌면 여러분은 내가 지금까지 사례로 든 여성들에 비해 정도가 조금 덜할지도 모른다. 그래도 어쨌든 월경은 **여전히 불쾌하다.** 월경의 고통이 이렇게 심신을 쇠약하게 할 정도가 되어야 정말로 고통스럽다고 할 수 있는 것은 아니다. 여러분이 누구고 월경 증상이 얼마나 심각하든, 살다 보면 한두 번쯤, 아마도 여러 번 이것이 사실임을 알게 될 것이다. 여자로 살기가 **아픈** 일이라는 것을.

그렇다면 이 고통의 세상을 어떻게 살아 나가야 할

° 메이지 힐, 『월경의 힘』, pp. 274-276.

까? 작가 린 엔라이트(Lynn Enright)는 고통스러웠던 부인과 진찰 경험을 돌아보면서 이렇게 썼다.

> "아마도 우리가 월경을 하기 때문에, 그리고 월경은 우리네 많은 여성들에게 몹시 고통스러운 일이기 때문에, 여성으로 존재한다는 것은 고통을 수반하는 일이며 그 고통을 참아 내는 일이라는 인식이 있을 것이다.…월경의 고통은 마땅히 예상해야 한다고, 견뎌 내야 한다고, 버텨 내야 한다고. 그것도 분별력 있게, 심지어 쾌활하게 말이다.…우리는 매달 피를 흘린다. 그리고 그건 정상이다. 우리는 매달 고통을 겪는다. 그리고 그건 정상이다. 우리는 땀 흘리고, 고통에 겨워 울부짖고, 몸을 최대한 크게 벌리고, 몸이 찢어져 가면서 아기를 낳는다. 그리고 그건 정상이다. 우리의 고통이 비정상일 때도 이 고통은 오해되거나 별것 아닌 것처럼 과소평가된다."

『버자이너』, p. 125

엔라이트의 말은 여성의 운명 앞에서 느끼는 서글픈 불가피성에 대한 인식을 나타내기도 하고 꼭 이런 식이어야 하는가 하는 격분을 나타내기도 한다.

그렇다면 왜 이런 식인 걸까?

앞 장에서와 마찬가지로, 성경을 보면 이것이 우리가 매달 겪는 일에 대한 '일반 계시'와 나란히 작용한다는 것을 알 수 있다. 성경은 서글픈 불가피성과 격분 두 가지를 다 인정한다. 그러고는 그 이상의 무언가를 제시한다. 그렇다, 이것이 바로 세상이 돌아가는 방식이다. 아니다, 세상이 이래서는 안 된다. 아니다, 세상이 언제까지나 이렇지는 않을 것이다.

기독교 세계관은 고난이 제기하는 모든 의심과 의문을 다 없애 주겠다고 약속하지 않는다. 이 세계관에는 케이틀린이나 비에게 줄 수 있는 구체적 해답이 없다. 그러나 적어도 이들의(그리고 우리의) 고통을 설명해 주고, 목적을 제시해 주고, 이 고통이 끝나는 때를 알려 줄 수는 있다.

쉽지 않지만, 더 좋은

앞 장 끝부분에서 우리는 아담과 하와가 약속과 가능성으로 가득한 멋진 신세계를 내다보는 장면을 보았다. 하지만 낙원은 지속되지 않았다. 그 남자와 여자는 이제 하나님의 곡조에 맞춰 춤추고 싶지 않다고 판단했다. 그리고 그렇게

함으로써 특별 공연 전체가 비틀거리게 만들었다. 두 사람은 뱀이 유혹하는 말에 귀 기울였고, 하나님이 먹지 말라고 하신 한 열매를 먹었다(창 3:1-7). 무죄한 상태에서 죄 있는 상태로의 타락은 순식간에 일어났다.

이 이야기는 우리들 대다수에게 아주 친숙해서 이 이야기가 지니는 위력을 놓치기 쉽다. 더없는 배은망덕, 뻔뻔스러운 오만, 터무니없는 이기심, 무모한 훼손이 초래한 위력 말이다. 타인에게 호의를 베풀었다가 퇴짜를 맞은 적이 있다면 아마 이런 위력을 실감했을 것이다. 그 사람의 어깨를 잡아 흔들며 "네가 어떻게 감히?"라고 소리치고 싶은 격렬한 분노를 느꼈을 것이다.

하물며 거룩하신 하나님은 얼마나 더 그러했겠는가?

하나님의 심판은 제한된 지식이나 독선 때문에 비뚤어지는 법이 없다. 하나님의 심판은 안정적이고 공정하다. 하지만 안정적이고 공정하다 해서 그 심판이 덜 무서워지지는 않는다. 창세기 3장에 기록된 인간 반역의 여파로 우리는 하나님이 뱀과 땅에 저주를 내리시는 이 우주적 어깨 흔들기 순간을 목격하게 된다.

하나님의 말씀으로 그 남자와 여자가 받은 복된 창조 명령, 즉 땅에 충만하고 땅을 정복하라는 영광스러운 명령은 이들이 반역 때문에 고통스럽게 겪게 될 바로 그 일이 되고 만다. 그렇다, 남자는 여전히 땅의 소산을 먹을 테지만, 땅은 제어하기 어려울 것이고 일은 고될 것이다(창 3:17-19). 그렇다, 여자는 여전히 자녀를 낳을 테지만, 어려움이 없지 않을 것이다.

> 또 [하나님이] 여자에게 이르시되,
> "내가 네게 임신하는 고통을 크게 더하리니
> 네가 수고하고 자식을 낳을 것이며."
> 16절

세상에 새 생명이 태어날 때마다 대가가 따를 것이다. 임신하는 고통을 크게 더할 것이니 수고하고 자식을 낳으리라는 이 짤막한 구절이 온 세상과 역사 전체에 걸친 여성들의 이야기를 한마디로 요약한다. 임신과 출산 과정에서 잘못될 수 있는 모든 일에서, 심지어 모든 과정이 순조로울 때마저도 거기 뒤따르는 피할 수 없는 고통 가운데서 이 말씀이 메아리친다. 매번 월경을 할 때 우리 몸에서도 이 말씀의 메아리가 들린다. 초경에서부터 완경에 이르기까지, 처음부터 마지막까지, 온 과정이 다 힘들어 보이고 체계 전체가 제대로 작동하지 않는 경향이 있는 것 같다. 출산과 마찬가지로, 월경은 '순조로울' 때도 여전히 고통스러울 때가 많다. 창세기 3장에 묘사된 고통은 단순히 육체만의 고통이 아니라 정서적 고통이기도 하다. 16절 상반절의 "고통"은 "슬픔"으로도 번역될 수 있다. 여러분에게도 자기 몫의 슬픔이 있었을 것이다.

여성으로 산다는 건 아프다. 창세기 3장의 불편한 진실은, 일을 이렇게 만드신 분이 하나님이라는 것이다. "내가 네게 임신하는 고통을 크게 더하리니…."

이 지점에서 우리는 어쩌면 분노가 솟구치는 것을 느낄 수도 있다. 이번에는 직접 하나님을 향해서 말이다. **일을 왜 이런 식으로 만드셨어요?** 평균적으로 여성은 월경통 때문에 1년에 9일 치의 생산성을 잃는다. 게다가 임신이나 출산 관련 합병증으로 전 세계에서 매일 810명가량의 여성이 목숨을 잃는다. 하나님을 향해 "어떻게 이러세요?"라고 소리치고 싶을 수도 있다.

말했다시피, 기독교 세계관은 손쉬운 해답을 내놓지 않는다.

하지만 기독교 세계관이 좀 더 나은 답변일 수는 있지 않을까?

어쨌든 대안을 생각해 보자. 내일 아침 잠에서 깨는 순간부터 무신론자가 되기로 결심한다 해도 분노는 피할 수 없는 것이 사실이다. 문제는 단지 그것이 누구 혹은 무엇을 향한 분노인가 하는 것이다. 린 엔라이트의 분노는 오만한 의사들과 가부장제의 권력 쪽을 향한다. 하지만 그래 봤자 비처럼 막다른 골목에 이르렀고 아직 더 나아질 길이 없는 사람에게 무슨 희망을 줄 수 있는가? 그 분노는 아무런 의미도 주지 못한다. 비의 고통에 대해 그럴싸한 이유를 제시하지도 못하고, 고통 속에서나 그것을 넘어서서 어떤 희망도 주지 못한다.

"왜 이럴까요?" 우리의 증상에 관해 의사에게 이렇게 질문할 때 들을 수 있는 최악의 답변은 아마 비가 경험했듯이 "모릅니다"일 것이다. 설명을 해 주는 게 아무 답변도 없는 것보다는 낫다. 설령 그 설명이 나쁜 얘기일지라도. 솔직히 말해, 철학적인 맥락에서 이렇게 질문한다 해도, "모릅니다"라는 답변은 듣고 싶지 않을 것이다. 설명을 해 주는 게 아무 답변도 없는 것보다는 낫다. 설령 그 설명이 나쁜 얘기일지라도 말이다.

그래서 이제 이런 일이 벌어졌다. 인간이 스스로 최고가 되려고 창조 질서를 왜곡했고, 이제 모든 것이 본래 모습을 잃고 뒤틀렸다. 근본적인 무언가가 그토록 완전히 잘못되면 그 어떤 것도 완전히 선할 수 없다. 인간이 자기 창조주에게 반역한 세상에서는 그 무엇도 흠 없이 아름다울 수 없다. 그 세상 자체가 올바를 리 없으니 말이다. 어쩌면 가장 아름다운 것일수록 가장 심하게 망가졌다고 하는 게 이치에 맞을지도 모른다.

그러므로 슬픔을 느끼고 분노를 느끼는 게 맞다. 이 모든 게 정말 이런 식이어서는 안 된다. 하지만 일이 왜 **이런 식인지** 그 이유에 대해서까지 슬퍼하지 않는다면 그건 잘못이다. 즉, 하나님의 선한 창조를 망친 것은 바로 죄라는 사실까지 슬퍼해야 한다. 선한 창조가 망가진 이유에 대해 슬퍼할 때는 우리 자신이 문제의 일부임을 인정해야 한다. 아담과 하와만 문제가 아니다. 우리도 유죄다.

그렇다고 우리의 죄와 우리가 겪는 월경의 고통 사이에 어떤 직접적 관계가 있다는 말은 **아니다**. 월경의 고통이 더 심한 이유가 하나님이 나를 벌하시기 때문은 아니다. 예수님은 어떤 사람의 죄와 그 사람이 겪는 고난을 연결하는 것을 매우, 매우 조심해야 한다고 아주 분명히 말씀하셨다(요 9:3; 눅 13:1-5). 마찬가지로, 에덴동산에서 일어난 일에 대해 하와가 어쨌든 아담보다는 책임이 크기 때문에 하나님이 여자를 벌하시는 거라는 말도 잘못이다. 그렇지 않다(롬 5:12). 또한 성경은 여자들이 의학적 처치를 받는다거나, 월경하는 상황을 좀 더 낫게 만들기 위해 캠페인을 벌인다거나, 월경 빈곤에 맞서 행동을 취하는 게 적절하지 않다는 암시도 하지 않는다. 예수님의 삶에서 우리가 알 수 있는 것은, 죄에 대해 분노하는 것과 사람들의 고통을 줄여 주려는 자비로운 행동이 서로 양립할 수 없는 사이가 아니라는 것이다(막 1:40-42). 월경할 때가 아닌데 출혈이 있거나, 통증 때문에 씨름하고 있거나, 월경과 관련한 여러 증상으로 정상적인 생활이 어려울 때는 **부디 병원에 가라.** 이를 악물고 참을 필요가 없다.

그러나 내가 하려는 말은, 일반적인 의미에서 고통은 세상이 제대로 돌아가지 않고 **있다는** 신호라는 것이다. 우리 여자들은 한 달에 한 번씩 우리 몸을 통해 타락을 상기한다. 그렇다고 해서 위대한 창조의 복을 받은 장소인 우리 몸에 관해 앞 장에서 살펴본 진실들이 취소되지는 않는다. 우리는 축복과 저주, 기쁨과 슬픔, 사랑과 상실과 더불어 산다. 즉, 이런 것들을 몸으로 체현한다. 축복보다 저주를, 기쁨보다 슬픔을, 사랑보다 상실을 더 많이 겪는 것처럼 보이는 사람도 있지만, 결국 누구도 저주와 슬픔과 상실을 완전히 피할 수는 없다. 왜냐하면 세상이 선하기도 하고 타락하기도 했기 때문이다. 실제로 성령은 바울을 통해 "모든 피조물이 이제까지 함께 신음하며, 함께 해산의 고통을 겪고 있다"(롬 8:22, 새번역)고 말씀하신다. 고통을 겪고 있지만, 그 안에 무언가 더 나은 것에 대한 희망이 있다. 따라서 우리는 매달 우리의 월경이 우리를 향해 그렇게 타이르는 말을 들을 수 있어야 한다.

▎더 좋은 것은 아직 오지 않았으니, 희망을 가지라

답을 모르는 것보다는 설명이 있는 게 낫다. 설령 그 설명이 나쁜 이야기일지라도. 치료된다는 희망이 있으면 더 좋다.

월경의 경우, 희망이 있다.

여자의 몸, 커다란 축복의 현장이지만 커다란 고통의 현장이 되어 버린 이 몸이 위대한 구속(救贖)의 장소가 되리라고도 약속되었다는 것은 놀라운 일이다. 여호와 하나님은 뱀에게 말씀하셨다.

내가 너로
여자와 원수가 되게 하고

네 후손도 여자의 후손과 원수가 되게 하리니

여자의 후손은 네 머리를 상하게 할 것이요

너는 그의 발꿈치를 상하게 할 것이니라.

창 3:15

하나님은 하와에게 약속하고 계신다. 많고 많은 세대에 걸쳐 아기를 낳는 고통을 거친 후 한 여자에게서 마침내 "마귀의 일을 멸하[실]"(요일 3:8) 아이가 태어날 것이다. 그리고 마귀의 일을 멸하심으로써 이 "후손"은 인간을 죄의 권세에서 자유롭게 할 것이다. 이런 의미에서 "여자들[은]…해산함으로 구원을 얻[을]"(딤전 2:15) 것이다. 하나님은 언젠가 사탄이 짓밟힐 것이고, 악의 권세가 꺾일 것이며, 죄와 죄의 모든 결과는 하나님의 창조 세상에서 지워질 것이라고 첫 인간들에게 약속하고 계신다. 하나님은 사물이 올바른 질서를 회복하게 하실 것이고, 그러면 만사가 바로 그렇게 제대로 돌아갈 것이다.

잠시 하와의 입장이 되어 보자. 등 뒤로는 낙원이 파괴되어 있고, 앞에는 한 번도 경험해 보지 못했으나 이제 익숙해질 찢어지는 고통이 버티고 있다. 이런 하와에게 이 희망의 말씀은 얼마나 소중했겠는가. 그리고 이는 우리에게도 역시 희망의 말씀이다. 여러분이 하나님의 백성이라면, 여러분의 고통에는 종료일이 있다. 회전을 중단시키고 싶은 바퀴 같은 고통을 매달 똑같이 겪고 나면 온몸이 너덜너덜해진 기분일 수도 있다. 의사도 찾아가 보고 좋다는 약은 다 먹어 봤지만 희망이 없다는 기분이 들 수도 있다. 공포나 절망을 느낄 수도 있고, 아니면 그냥 완전히 지긋지긋한 기분일 수도 있다. 하지만 언제까지나 그렇지는 않을 것이다. 여러분의 고통에는 종료일이 있다. 이날은 하나님의 달력에 이미 정해져 있다.

뱀을 짓밟는 분이 오셨다. 그분은 이미 여러분의 죄를 없애서 영적으로 온전하게 만드셨다. 그분은 이미 마귀에게 치명타를 날리셨다. 이제 예수님께 남은 일은, 언젠가 다시 오시는 날 어수선한 쓰레기를 쓸어 없애시는 것뿐이다.

하지만 하나님이 창세기 3장에서 이 일을 **어떤 식으로** 하겠다고 약속하시는지 다시 주목해 보라.

뱀을 짓밟는 이 전사(戰士)는 하늘에서 말을 타고 오시지 않았다. 그분은 한 여자의 몸에서 나셨다. 마리아가 베들레헴의 마구간에서 안간힘을 쓰고 비명을 지르면서 출산했을 때 말이다.

그리고 성장하신 후, 이 영웅은 위엄 있게 힘을 자랑

하며 승리를 거두지 않으셨다. 예루살렘 밖 한 언덕의 나무 십자가에 달린 채 고통에 겨워 헐떡이면서 숨 막혀 죽으셨을 때 승리하셨다.

또한 주전 700년경 이사야의 한 예언은 이 일을 다음과 같이 묘사했다.

> 그는 멸시를 받아 사람들에게 버림받았으며
> 　간고를 많이 겪었으며 질고를 아는 자라.
> 마치 사람들이 그에게서 얼굴을 가리는 것같이
> 　멸시를 당하였고 우리도 그를 귀히 여기지 아니하였도다.
> 그는 실로 우리의 질고를 지고
> 　우리의 슬픔을 당하였거늘
> 우리는 생각하기를 그는 징벌을 받아
> 　하나님께 맞으며 고난을 당한다 하였노라.
> 그가 찔림은 우리의 허물 때문이요
> 　그가 상함은 우리의 죄악 때문이라.
> 그가 징계를 받으므로 우리는 평화를 누리고
> 　그가 채찍에 맞으므로 우리는 나음을 받았도다.
>
> 사 53:3-5

하나님이 우리의 고난을 상관하지 않으신다고 우리가 분노에 차 비난할 때, 이에 대한 하나님의 답변이 여기 있다. 하나님이 예수라는 인격적 존재로 친히 이 고난을 감당하러 오셨다는 것이다. 그분은 고통을 통해 고통 속으로 들어오심으로써 고통을 종식시키러 오셨다. 슬픔을 겪는 여자들을 위해 오신, 슬픔을 아시는 분이 여기 있다.

우리의 기분이 저조할 때면 이 사실에서 매우 소중한 무언가를 발견할 수 있다. 예수님은 얼굴을 일그러뜨리며 신음한다는 게 무엇인지, 괴로워하며 고통스러워한다는 게 무엇인지, 자존감이 낮아진다는 게 어떤 기분인지, 너무 고통스러운 모습이라 누구도 눈을 똑바로 바라보지 못할 어떤 일을 겪는다는 게 무엇인지 아시는 분이다.

이 모든 것은 우리가 그리스도인으로서 세상을 바라보는 방식과 관련해, 그리고 우리가 월경을 겪어 내는 방식과 관련해 적어도 두 가지 사실을 의미한다.

첫째, 예수님은 내가 고난당할 때 나와 함께 계신다. 내가 어떤 일로 아파하든, 예를 들어 그 아픔이 자궁 내막증의 괴로움이든, 유산의 슬픔이든, 완경기의 정서적·육체적 타격이든, 혹은 다른 무엇이든 예수님은 다 이해하신다. 그분은 그저 고개를 비스듬히 끄덕이며 네 마음을 다 안다는 듯 동정 어린 표정을 지으려 애쓰면서 목회 상담을 하는 분이 아니시다. 그분은 고통에 익숙하시다. 그리고 그리스도인으로서 나는 그분이 내 고통 속으로 들어와 내 죄를 없애 주셔서, 고통도 죄도 없는 장래를 보장해 주신다는 것을 알 수 있다. 하나님과 화평하고, 치유되어 완전해진 몸과 마음과 영혼과도 화평을 이루는 영원 세상을 말이다. 그분은 '여자들 문제'에 관해 어색해하거나 당황스러워하시는 그런 분이 아니다(막 5:34). 소그룹 기도 시간에 자기 문제를 마음 편히 털어놓을 수 있든 없든, 개인 기도 시간에 예수님께 털어놓지 못할 일은 전혀 없다. 그분은 보신다. 그분은 아신다. 그분은 들으신다.

둘째, 하나님은 우리의 고통을 가지고 일하실 수 있다. 하나님이 일하시는 방식에서는, 가장 아름다웠으나 가장 심하게 망가진 것이 회복되어 최고의 것이 된다. 창세기 3장에서 출산에 관해 우리가 확인하는 게 바로 이 사실이다. 축복이 슬픔의 무게로 무거워졌지만, 결국에는 구속을 낳게 될 터였다. 그것이 바로 우리가 십자가에서 확인하는 사실이다. "그가 채찍에 맞으므로 우리는 나음을 받았도다"(사 53:5). 그리고 그것이 바로 우리 자신의 삶에서 확인하는 사실이다. 때로는 장기적 전망에서, 때로는 단기적 전망에서도 말이다. 로마서 8장에서 바울이 출산 이미지를 어떤 방향으로 전개하는지 보라.

> 피조물이 다 이제까지 함께 탄식하며 함께 [해산의] 고통을 겪고 있는 것을 우리가 아느니라. 그뿐 아니라 또한 우리 곧 성령의 처음 익은 열매를 받은 우리까지도 속으로 탄식하여 양자 될 것 곧 우리 몸의 속량을 기다리느니라.…이와 같이 성령도 우리의 연약함을 도우시나니 우리는 마땅히 기도할 바를 알지 못하나 오직 성령이 말할 수 없는 탄식으로 우리를 위하여 친히 간구하시느니라. 마음을 살피시는 이가 성령의 생각을 아시나니 이는 성령이 하나님의 뜻대로 성도를 위하여 간구하심이니라.
>
> 롬 8:22-24, 26-27

통증이나 고통에 따른 혼란을 겪는 중에서든 죄와 싸우는 중에서든, 우리가 탄식할 때 성령은 우리에게 꼭 필요한 게 무엇인지 바로 아신다. 성령이 친히 하나님의 뜻에 맞춰 우리를 위해 기도하고 계신다. 우리가 "그 아들의 형상을 본받[을]"(29절) 수 있게 되기를. 예수님은 우주 최고의 존재이시다. 그래서 예수님을 닮는다는 것은 우리에게 최고의 일이다.

우리의 상황에서 그게 어떻게 가능한지 알 수 없을지도 모른다. 하지만 그걸 안다는 건 엄청난 일이고, 반드시 알 필요도 없다. 우리가 "마땅히 기도할 바를 알지 못[할]" 때도 "성령이 말할 수 없는 탄식으로 우리를 위하여 친히 간구하[신다]"(26절).

하나님은 현재 우리가 겪는 모든 일을 이용해 우리가 더욱 예수님을 닮게 하신다. 어떤 식으로 그렇게 하시는지 여러분이 확인할 수 있다면 좋겠다. 인내, 겸손, 신뢰, 연민, 감사, 사랑, 그리고 예수님이 자신의 삶에서 모범을 보이신 다른 모든 아름다운 자질들이 자라나게 하시는 것이 바로 하나님의 방식이다. 여러분이 그걸 확인할 수 없다면, 그리스도인 친구에게 물어도 좋다. 성령이 우리 안에서 어떻게 일하고 계신지는 우리 가까이 있는 사람들이 우리 자신보다 흔히 더 잘 볼 수 있다.

또한 고통을 겪는 과정을 통해, 하나님은 장래에도 우리가 예수님을 더 닮아 가게 하실 것이다. 바울은 지금 우리의 삶이 마치 분만실에서 사는 것과 같지만, 언젠가는 아기가 우리 품에 안길 것이라고 말한다. 우리는 "양자 될 것 곧 우리 몸의 속량을"(23절) 향해 온 힘을 다 짜낸다. 예수님이 다시 오시고, 하나님의 백성과 하나님의 창조 세상이 완전히 회복될 날, 몸과 마음과 영혼이 새롭게 되고 죄와 고난에서 벗어나게 될 그날을 향해.

▎연약하다는 것이 (반드시) 모욕은 아닌 이유

지금까지 고통에 대해 여러 가지를 생각해 보았지만, 월경과 관련해 생각해 보면 좋을 또 한 가지 단어가 있다. 월경을 할 때면 자신이 연약하다는 느낌이 든다. 월경이라는 단어만 봐도 신경질이 날 수도 있다. 월경에 관한 글을 쓴다는 것은 확실히 그렇다. 월경의 진실을 알면서도 말이다. 왜냐하면 우리 문화에서 '약하다'는 말은 모욕으로 여겨지기 때문이다. 우리는 **강한** 여성이 되려고 애를 쓴다.

그러다 보니 월경을 둘러싼 대화에는 흥미로운 역동이 생겨난다. '생리 휴가'라는 개념이 등장할 때 특히 그렇다. 생리 휴가란 월경 기간 동안 여성 직원이 일을 쉴 수 있게 고용주가 보장해야 한다는, 혹은 월경 주기에 맞춰 융통성 있게 근무할 수 있는 기회를 주어야 한다는 개념이다. 21세기 여성에게 이 개념은 받아들이기 다소 어렵다. 저널리스트 에마 바넷은 "아직도 여성들이 이상적인 노동자의 몸은 남성의 몸이고, 그래서 여성성을 나타내는 모든 징후는 다 감춰야 한다고 생각할 수밖에 없는 그런 위치에 있다는 것은 어리석은 일"이라고 말한다.° 여성들의 근무 방식이 왜 여성이 아닌 남성에게 최적화되어야 하는가? 그러나 또 한편으로 바넷은 자기 친구들 대부분은 "월경 기간에 여성들이 우대를 받는다거나 어떤 면에서 무능력한 사람 취급을 받는다는 개념을 혐오하며 눈살을 찌푸린다"고 말한다.°° 고용주가 보기에 여성이 남성에 비해 고용 가치가 덜하다면 여성이 불리한 입장이 될 것이다. 회사가 생리 휴가 정책을 도입한다 해도 "남성과 직접 경쟁하지 않는 여성이나, 승진에 관심 없고 잃을 것이 없는 여성들만 그런 정책을 받아들일 것이다."°°°

이 문제는 우리에게 긴장을 남긴다. 남성과 여성이 필요로 하는 게 서로 다르다고 인정할 것인가, 아니면 모든 면에서 동일한 조건에서 경쟁하여 상대를 능가하고자 할 것인가? 어느 쪽일까? 월경을 한다는 것을 '고백하고' 이

° 『월경』, p. 129.
°° 같은 책, p. 124.
°°° 같은 책, p. 127.

를 인정받기 위해 싸워야 할까, 아니면 월경은 아무 상관 없는 일인 양 맹렬히 나아가야 할까?

이는 오늘날 여성의 권리를 둘러싼 수많은 담론에서 볼 수 있는 역설이다. 그리고 이 역설에 대해 성경은 유례없이 우리를 자유롭게 하는, 그러나 반문화적인 답변을 준다. 오직 기독교 세계관만이 이 긴장을 해결할 수 있다.

그 이유는 다음과 같다. 첫째, 기독교 세계관에서는 약함이 멸시받지 않는다. '약하다'는 것은 우리들 대다수가 절대 바라지 않는 어떤 것이다. 하지만 예수님은 그렇지 않으셨다. 그분은 기꺼이 약해지셨다. 그리스도인은 약함을 받아들임으로써 우리를 구하신 구주, 곧 자기 백성들의 약함을 통해 이 백성 안에서 이제 은혜와 권세를 드러내시는 구주를 따르는 사람들이다(고후 12:9). 한 가지 생각해 보자. 거의 모든 교회, 거의 모든 문화, 역사의 거의 모든 부분에서 여자가 남자보다 수적으로 우세하다는 점에 주목해 본 적이 있는가? 그것도 상당히 유의미한 차이로 말이다. (비혼 여성이라면 이 점을 **틀림없이** 알아차렸을 것이다.) 곰곰이 생각해 보다가 언젠가 한 친구에게 대체 왜 그런 것일까 물었더니, 이유는 간단하다고 친구가 대답했다. "하나님께서…세상의 약한 것들을 택하사 강한 것들을 부끄럽게 하려 하시[는]"(고전 1:27) 것이라고 말이다. 일리가 있지 않은가? 그렇다면, 내가 하나님이 택하신 "약한 것들" 중 하나임을 기뻐하는 것 말고 우리가 달리 할 수 있는 일이 뭐겠는가?

하나님은 약함을 통해 일하기를 좋아하신다. 다시 말하지만 하나님은 우리가 힘들어 발버둥질할 때 한숨을 내쉬지 않으신다. 하나님은 우리를 돕는 인내심 많은 아버지시다. 그러면서 한쪽 눈으로는 연신 시계를 들여다보는 분이 아니라 온 얼굴로 미소 짓는 아버지시다. 날이면 날마다 하나님은 약함 중에 있는 우리를 만나 주시되 비웃음이 아니라 온유함으로 만나 주신다. 우리 자신의 약함과 타인의 약함을 대할 때 우리도 확실히 그렇게 해야 하지 않겠는가?

"하지만 고통을 견뎌 내는 게 강하다는 증표죠." 이렇게 반박할 수도 있다. 그렇다, 그 말도 맞다. 하지만 그 개념을 요란스레 떠들어 대는 모습이 사실은 우리가 세상 사람들처럼 약함을 싫어하는 태도를 따르고 있음을 나타낼 수도 있지 않은가? 우리도 강하게 보이고 싶은 마음이 너무도 간절할 때가 있기에, 약하다 느껴지고 약하게 보이는 것이 예수님께 아무렇지도 않았다면 우리에게도 역시 그래야 한다는 점을 기억할 필요가 있다. 고통은 타락한 세상에서 살게 된 데 따르는 한 결과이고, 그러므로 고통 자체는 나쁘지만, 어떤 의미에서 우리의 약함은 그저 피조물로 존재하는 데 따르는 결과일 뿐일 때가 많으며, 그래서 약함 자체는 중립적이다. 지치는 것은 인간으로 존재하기의 한 작용이지 타락으로 인한 것이 아니다. 때로는 우리 몸의 연약함과 감정적 자원의 한계를 인정하는 게 도움이 된다. 우리는 하나님이 아니다. 우리는 피조물이다. 우리에게는 한계 없는 상태가 요구되지 않는다.

둘째, 기독교 세계관에서 남자와 여자는 서로 보완하는 관계이지 경쟁하는 관계가 아니다. 성경은 하나님의 선한 구상(構想)에서 두 성이 서로 다르고 때로는 필요한 것도 다르다는 점을 분명히 한다. 이 사실 자체가 여자를 불리하게 하지는 않는다. 그렇기는 해도, 타락한 세상에서는 만사를 하나님이 가치를 매기시는 대로 가치를 부여하지 않으며, 그래서 다르다는 점 때문에 여자가 불리한 입장에 처할 수도 있다. 하지만 하나님이 사랑하시는 것을 사랑하는 그리스도인 공동체에서는 그래서는 안 된다. 우리는 여자와 남자가 다르다는 것을, 그러면서도 여자와 남자 모두 선하고 여자와 남자 모두 없어서는 안 된다는 사실을 기뻐할 수 있다.

이것이 바로 베드로가 남편들을 향해 아내를 "더 연약한 그릇[으로]…알아 귀히 여기라"(벧전 3:7)고 말하는 이유다. '더 연약하다'는 말을 '더 안 좋다'는 말과 같은 의미로 여긴다면, 이는 곧 모욕이다. 하지만 앞에서 이미 살펴보았다시피 성경은 약함을 그렇게 보지 않는다. 베드로의 말은 아마 대체로 남자들이 육체 면에서 여자들보다 크고 강하다는 사실을 가리킬 것이다. 현대인의 삶은 상당 부분 완력보다는 두뇌에 의지하기에, 무언가 무거운 것을 들어 올려야 하는 상황이 아닌 한 남자가 여자보다 육체적으로 크고 강하다는 사실 때문에 일상의 삶이 크게 달라지지는 않는다. 하지만 우리 여자들 중에는 매달 며칠씩 자신이 연약한 그릇임에 틀림없다고 느낄 수밖에 없는 이들이 있다. 본능적으로 우리는 다른 어떤 사람은 차치하고 우리 스스로에게도 그 사실을 인정하고 싶어 하지 않는다. 그러나 만약 인정한다면 어떻게 될까? 어쨌든, 그리스도인 공동체에서는 약함을 인정하더라도 강한 사람이 머리가 되어 우월감을 느끼는 결과로 이어져서는 안 된다. 오히려 강한 사람이 약한 사람 앞에 무릎을 꿇고 이들을 섬기며 '귀히 여기는', 즉 높여 주는 결과를 낳아야 한다. 이런 원리는 남자-여자 관계에 한정되지 않는다. 신약성경은 어떤 면에서든 '강한' 사람이 그 힘을 이용해 약한 사람을 섬기라는 명령으로 가득하다. 또한 교회를 몸으로, 즉 각각 다른 일을 잘하는 각각 다른 지체들로 이뤄졌으되 서로 협력하여 일하는 몸으로 대하라는 권면으로 가득하다(롬 14:1-15:2; 고전 12:12-30; 엡 4:1-16).

다르지만 둘 다 필요하다는 이 원리가 작동하는 곳에는 큰 자유가 있다. 이 원리가 작동하면, 쉼 없이 스스로를 입증해 보이려 노력할 필요가 없어지고, 모든 일을 그럭저럭 잘해 내지 못할 때도 실패했다는 생각이 들지 않는다. 이 원리는 우리 자신을 쥐어짜서 다른 누군가가 만들어 놓은 틀에 끼워 맞춰야 한다는 생각에서 벗어나게 해 준다. 거꾸로 생각하면, 이는 성별 고정관념에 갇혀 사는 사람을 보더라도 마치 그러한 태도 자체가 여성에 대한 범죄라도 되는 양 기분 나빠할 필요가 없다는 뜻이기도 하다. 이 원리는 도움이 필요할 때 그렇지 않은 척하기보다 거리낌 없이 도움을 청할 수 있게 해 준다. 이는 교회에서, 이웃들과의 사이에서, 가정에서 우리의 은사와 능력을 기꺼이 기쁘게 제공할 수 있다는 의미다. 그 모습이 어떻게 보이든 말이다. 이런 표현을 써도 되는지 모르겠지만, 이는 작은 것에 안주하지 말고 우리의 강점을 최대한 발휘하자는 말이다. 이는 우리가 자신을 옹호하지 않아도 짓밟히거나 밀려나거나 무시당하지 않으리라는 의미다. 자신을 애써 옹호하지 않아도 된다. 왜냐하면 우리는 이미 보살핌받으며 가치 있게 여겨지고 있고 우리가 하는 말이 경청되고 있기 때문이다. 이는 우리가 늘 직접 나설 필요는 없다는 뜻이다. 그저 예수님을 위해 총력을 기울이는 것을 목표로 하면 된다.

베드로전서의 그 구절은 여자와 남자가 모두 "생명의 은혜를 함께 이어받을 자"(벧전 3:7)라는 말로 끝을 맺는다.

그렇다, 삶에는 많은 고통이 있다. 하지만 우리가 장차 얻을 것은 그보다 훨씬 많다.

3장

아주 많은 난처함

월경에 얽힌 가장 곤혹스러웠던 경험은 무엇인가?

친구 에밀리(Emily)에게 이 질문을 하자, 친구는 새로운 직장 동료와 중국 식당에서 저녁 식사를 하던 날 이야기를 들려준다. 에밀리는 식사를 마치고 일어나 자신이 앉았던 의자를 내려다보다가 생리혈이 바지를 뚫고 새어 나와 의자 커버에까지 묻은 것을 보고 경악했다.

"그래서 어떻게 했어?!" 내 경험담을 시작하기 전 내가 물으니 친구는 이렇게 답한다.

"뭐, 그냥 의자를 탁자 아래로 밀어 넣고 최대한 빨리 식당에서 나왔지." 에밀리가 그 순간 얼마나 당황했을지 내 몸으로 느낄 수 있을 듯하다.

에밀리는 6년 전 결혼하면서 피임약을 복용하기 시작한 후로 월경을 하지 않았으며, 그래도 전혀 섭섭해하지 않았다. "당황스러웠다…." "창피했다…." "굴욕적이었다…." 월경량이 유독 많았던 에밀리는 규칙적으로 월경하던 때를 돌아보며 계속 이렇게 말한다. 그것도 점층법적 표현을 써 가며. 거의 한 시간마다 한 번씩 화장실을 들락거리며 생리대를 하루에 열 번씩 갈아야 하는 번거로움, 청바지 밖으로 생리혈이 배어 나오지 않을까 전전긍긍하면서 두 시간 동안 앉아서 시험을 봐야 하는 스트레스, 약혼자 부모님 집에서 하룻밤을 지내는 사이 월경이 시작되는 바람에 다음 날 아침 침대 시트에 생리혈이 묻었다고 예비 시어머니에게 이야기할 수밖에 없었던 곤혹스러움.

대화를 시작한 지(그리고 나는 그저 언급만 한 지) 20분도 채 지나지 않아, 에밀리는 월경이 육체적으로 고통스러웠다는 것을 기억해 낸다. "아, 맞아." 마음속 어느 후미진 곳에 깊이 박혀 있던 기억이 떠오르기 시작하자 에밀리는 말한다. "**그 고통**…." 몸의 고통은 에밀리의 기억에서 대부분 사라져 가고 있었다. 하지만 수치스러웠던 기분은? 그 기분은 지금도 10년 전과 다름없이 다시 강하게 밀려들어 온다.

월경과 관련해 골치 아픈 문제는 통증만이 아니다. 많은 이들에게 통증은 월경의 주요 문제 축에 끼지도 못한다. 월경을 생각해 보라. 그러면 우리는 창피함을 떠올린다. 그리고 그 기분을 느낀다.

이는 월경이 우리가 은밀하게 덮어 두고 침묵으로 둘러싸 놓는 창피함의 오랜 근원이 되어 왔기 때문이다. 우리들 대다수는 월경 중인 것을 (아주 친한 친구 외에) 누구도 알지 못하게 하려고 몹시 애를 쓴다. 어떤 순진한 남자가 이를 알게 되는 경우는 절대 없어야 한다. 그건… 창피한 일일 테니까. 그래서 월경이란 한마디로, 셔츠 소매에 탐폰을 숨겨서 화장실에 가는 문제일 뿐이다. 사무실에서 탐폰 없이 월경을 맞았다면, 우리는 여성 동료에게 암호 메시지를 보내 곤경에 빠진 자매를 도와줄 수 있는지 묻는다.

우리는 어릴 때 이 암호를 습득한다. 고등학생 시절에는 월경용품을 교체하려고 칸막이 화장실로 들어가면서 "대장님(핸드 드라이어) 좀 작동시켜 줘"라고 친구에게 부탁하곤 했다(생리대나 탐폰을 교체하는 소리가 칸막이 밖으로 들리지 않도록 소음을 만들어 달라는 의미다―옮긴이). 거긴 여성용 화장실이고 화장실 안에 가득한 다른 학생들도 다 월경하는 여자들인데 굳이 그렇게까지 해야 한다고 생각했다는 게, 때늦은 깨달음이지만 지금 생각해 보면 좀 이상하다. 그러나 다시 말하건대, 월경용품 포장을 뜯는 바스락 소리가 행여 밖으로 새어 나갈세라 두 칸 건너편에서 변기 물 내리는 소리가 들리기를 기다리던 어릴 때 습관에서 내가 완전히 벗어났다고는 말하지 못하겠다.

이제 이런 분위기를 극복해야 할 때라는 목소리들이 점점 높아지고 있다. 2015년에 키런 간디(Kiran Gandhi)는 '자유 월경' 상태로 런던 마라톤 대회에 참가하고 나서, "탐폰을 구할 수 없는 자매들, 그리고 답답함과 통증에도 불구하고 이를 숨기면서 마치 그런 것은 존재하지 않는 척하는 자매들을 위해 나는 생리혈이 다리를 타고 흘러내리는 상태로 뛰었다. 답답함과 통증은 분명히 존재한다고, 우리는 날마다 이를 극복한다고 말하기 위해서다"라고 말하여 언론의 헤드라인을 장식했다. 그리고 월경은 계속해서 점점 더 가시적인 것이 되었다. 최근 상영된 제임스 본드 영화에서도 여성 요원이 쓰레기통에 탐폰을 던지는 장면이 등장한다. 저널리스트 조너선 딘(Jonathan Dean)의 말을 빌리자면, "제임스 본드가 얼마나 달라졌는지, 그리고 사실상 세상이 얼마나 달라졌는지 보여 주는 근거로, 이제 월경에 관해 좀 이야기해도 되는지 궁금해하는 남성 호르

몬 충만한 블록버스터 영화만 한 것이 없다."°

이는 정말 중요하다. 월경을 둘러싼 문화적 금기는 세상의 여성들에게 심각한 결과를 낳는다. 부인과(婦人科) 관련 문제가 생겼을 때 여성들이 의학적 도움 구하기를 주저하게 되는 것은 부끄러움 때문이다. 어떤 나라에서는 10대 소녀들이 월경을 창피하게 여겨 매달 며칠씩 학교에 결석한다고 한다. 인도의 어떤 지역에서는 사춘기가 되면 아예 학교를 중퇴하는 여학생이 전체의 20퍼센트나 된다. 설령 이 창피함이 이보다는 사소한 방식으로 표현된다 해도, 그 기분이 어떤지는 우리가 다 안다. 그 끔찍한 기분.

수 세기에 걸쳐 월경 이야기를 그렇게 금기로 여겨 온 데는 종교에도 일부 책임이 있다. 사회운동가 님코 알리(Nimko Ali)는 이렇게 말한다. "유감스럽게도 이러한 견해를 뒷받침하는 종교적 혐오감이 수 세기 동안 지속되어 왔다."°°

° "제임스 본드의 다음 임무는?"(What Next for James Bond?), 「선데이 타임스 컬처 매거진」(*The Sunday Times Culture Magazine*), 2020년 3월 8일자.

°° 님코 알리, 『이야기해서는 안 될 것들(그러나 어떤 식으로든 이야기해야 할 것들)』[*What We're Told Not to Talk About(But We're Going to Anyway)*], p. 50.

▌레위기에 관해 이야기할 필요가 있다

성경을 믿는 그리스도인은 이 때문에 난처한 입장이 된다. 바로 성경에 레위기 15장 같은 구절이 있기 때문이다. 레위기는 하나님이 자기 백성을 이집트의 노예 생활에서 구해 내신 일을 극적으로 묘사한 출애굽기 바로 다음에 이어진다. 하나님은 이 백성을 시내산으로 데려가 자신의 율법을 주심으로써, 노예 생활에서 갓 벗어난 자신의 백성에게 앞으로 펼쳐질 삶이 어떤 모습일지 개략적으로 알려 주신다.

이 백성 중 50퍼센트는 성인기의 상당 기간 한 달에 한 번은 다음과 같이 살아야 할 터였다.

어떤 여인이 유출을 하되 그의 몸에 그의 유출이 피이면 이레 동안 불결하니, 그를 만지는 자마다 저녁까지 부정할 것이요,

그가 불결할 동안에는 그가 누웠던 자리도 다 부정하며 그가 앉았던 자리도 다 부정한즉 그의 침상을 만지는 자는 다 그의 옷을 빨고 물로 몸을 씻을 것이요 저녁까지 부정할 것

이며, 그가 앉은 자리를 만지는 자도 다 그들의 옷을 빨고 물로 몸을 씻을 것이요 저녁까지 부정할 것이며, 그의 침상 위에나 그가 앉은 자리 위에 있는 것을 만지는 모든 자도 저녁까지 부정할 것이며,

누구든지 이 여인과 동침하여 그의 불결함에 전염되면 이레 동안 부정할 것이라. 그가 눕는 침상은 다 부정하니라.

만일 여인의 피의 유출이 그의 불결기가 아닌데도 여러 날이 간다든지 그 유출이 그의 불결기를 지나도 계속되면, 그 부정을 유출하는 모든 날 동안은 그 불결한 때와 같이 부정한즉 그의 유출이 있는 모든 날 동안에 그가 눕는 침상은 그에게 불결한 때의 침상과 같고 그가 앉는 모든 자리도 부정함이 불결한 때의 부정과 같으니 그것들을 만지는 자는 다 부정한즉 그의 옷을 빨고 물로 몸을 씻을 것이며 저녁까지 부정할 것이요, 그의 유출이 그치면 이레를 센 후에야 정하리니, 그는 여덟째 날에 산비둘기 두 마리나 집비둘기 새끼 두 마리를 자기를 위하여 가져다가 회막 문 앞 제사장에게로 가져갈 것이요, 제사장은 그 한 마리는 속죄제로, 다른 한 마리는 번제로 드려 유출로 부정한 여인을 위하여 여호

와 앞에서 속죄할지니라.

너희는 이와 같이 이스라엘 자손이 그들의 부정에서 떠나게 하여, 그들 가운데에 있는 내 성막을 그들이 더럽히고 그들이 부정한 중에서 죽지 않도록 할지니라.
레 15:19-31

이 구절을 읽을 때, 처음에 마음속으로 어떻게 반응했는가? 혼란스러웠는가? 격분했는가? 창피스러웠는가? 내 반응은 이랬다. **정말요, 하나님? 전적으로 자연스럽고 건강한 현상 때문에 4주 중 한 주 혹은 그 이상을 불결한 사람 취급받는다고요? 왜요? 월경이 뭐가 문제인데요? 그냥 여자가 싫으신 거 아니에요?**

그러면 이제 어떻게 해야 하는가? 한편에는 내 본능적 반응이 있고 다른 한편에는 하나님은 선하시고 성경은 하나님의 말씀이며 하나님은 나를 딸로서 사랑하신다는 내 믿음이 있는데, 이 둘 사이의 긴장을 어떻게 헤쳐 나가야 하는가? 레위기 15장 같은 구절을 어떻게 해야 하는가? 우리는 다음 중에서 선택할 수 있다.

1. **그냥 무시한다.** 레위기는 처음부터 끝까지 매우 엉뚱하다(솔직히 말해, 구약성경 상당 부분이 그렇다). 그러므로 읽기는 읽는다 해도 자주 읽지는 않는다. 하지만 앞에 인용한 열세 구절을 방금 읽었다는 것을 감안할 때, 이를 무시한다는 것은 논점을 많이 벗어난다.

2. **문화적 정황을 생각해 이 구절에 담긴 공격성을 최소화한다.** 레위기가 기록된 시대는 물론 그 이후의 다른 많은 문화와 종교에도 월경을 둘러싼 금기와 의례가 있다는 점을 지적할 수 있다. 그러므로 설령 하나님이 월경을 싫어하신다 해도, 최소한 하나님만 그런 것은 아니다. 고대 이스라엘 사회의 여성들은 오늘날 우리들 대다수보다 평생 월경 횟수가 적었다는 사실 또한 알아 둘 만하다. 여성들은 사춘기가 지나면 곧 결혼했고, 이들에게는 다산이 권장되었으며, 아이들이 젖을 떼는 시기도 늦었다. 그리고 임신과 모유수유는 대개 월경을 못 하게 만든다.° 문화적 정황에 대한 이러한

° 고든 웬함, 『NICOT 레위기』(*The Book of Leviticus*, 부흥과개혁사), p. 224.

이해가 도움이 되기는 하지만, 그렇다고 해서 원칙 자체가 덜 부당해 보이지는 않는다.

3. 성경의 정황을 통해 의미를 추론한다(공정하게 말해, 성경에 관해서는 늘 이렇게 하는 것이 좋다). 레위기에서 말하는 부정함에 관한 한, 월경은 아주 사소한 부정함이다. 월경 중인 여자를 만지는 사람은 저녁때까지만 부정하다. 이 부정함은 아마 시간 차원의 문제일 것이다. 어떤 희생 제사도 요구되지 않고, 그냥 씻기만 하면 된다(22절. 29-30절의 제사는 25절의 '이상' 출혈과 관계가 있다). 월경 중인 여자 자신에게는 씻으라는 명령도 없고, 이 여자와 접촉하는 사람들에게만 그 명령이 주어진다. 19절은 '월경의 불결함이 7일간 지속된다'는 말일 뿐이다.

'생식(生殖) 작용에 따른 유출물'(다른 용어가 없어서 이렇게 표현한다) 때문에 부정하게 취급되는 것은 여자들만이 아니다. 19-30절에서 여자들에게 주어지는 명령은 그 엄격함과 결과 면에서 15장 전반부에서 남자들에게 주어진 비슷한 명령을 반영한다.

1) 1-15절: 남자의 생식 기관에서의 "특이한 유출"

(비정상적인 분비물을 말한다. 이는 심각한 문제이며, 불결하다).

2) 16-18절: "설정"(즉, 정상적이고 덜 심각하지만 그래도 여전히 불결하다).

3) 19-24절: 여자의 "월경"(정상적이고 덜 심각하지만 그래도 여전히 불결하다).

4) 25-30절: "월경 기간이 아닌데도 여러 날 가는 유출"(비정상적이며 비교적 심각하고, 불결하다).

32-33절은 15장의 결론으로, 이 지침들이 서로 병행한다는 것을 보여 준다. "이 규례는 유출병이 있는 자와 설정함으로 부정하게 된 자와 불결기의 앓는 여인과 유출병이 있는 남녀와 그리고 불결한 여인과 동침한 자에 대한 것이니라." 그러므로 이 지침들은 누구도 차별하지 않는다고 말할 수 있다. 즉, 생식 기관에서의 유출은 남자와 여자 모두를 부정하게 한다.

4. 이런 율법들은 이제 우리에게 적용되지 않는다고 어깨 한 번 으쓱해 보이면서 안심한다. 이것도 어느 정도는 맞는 말이다. 이 지침들은 고대 이스라엘 여성들에게 적용되었던 방식으로, 오늘날 우리에게 똑같이 적용되지는 않는다. 여러분과 나는 월경 때 불결하지 않다.

그러나 그와 동시에 시편 기자는 이런 말씀들을 두고 "내가 주의 법을 어찌 그리 사랑하는지요"(시 119:97)라고 부르짖었다. 그리고 바울은 신약 시대 그리스도인들에게 보내는 편지에서 이 말씀을 가리켜 "거룩하고 의로우며 선하도다"(롬 7:12)라고 했다. 또한 하나님은 불변하시기에, 이 율법들이 하나님의 성품에 관해 뭐라고 말하든 간에 그 내용은 오늘날에도 여전히 참이다. 우리는 구약성경을 읽고 나서 "하나님이 지금은 그때 같지 않으셔서 정말 좋다"고 말할 수 없다. 하나님은 지금도 틀림없이 그때와 **같으시다**.

5. **체념하고 감수한다**. 마음에 안 들지 모르지만, 성경이 그렇게 말한다. 그러므로 그게 좋다고 동의가 안 될지라도 맞는 말이라고 받아들인다. 그리고 예수님이 우리를 위해서, 그리고 그 모든 것을 위해 죽으셨으므로 그분을 계속 따르겠다고 스스로에게 말한다. 그러나 성경의 특정 부분에 대한 못마땅함을 접어 두고 가장 중요한 것에 집중하는 태도에 대해 무언가 할 말이 있다 해도, 접어 두었던 것을 언젠가는 꺼낼 수 있고 그 부분이 얼마나 좋은지 알아볼 수 있기를 바라

는 마음으로 그렇게 해야 한다. 그렇게 할 수 있는 기회가 바로 여기 있다.

레위기 15장 같은 말씀을 단순히 이런 식으로 설명하거나 이런 말씀이 성경에 존재하지 않는 척할 수는 없다. 그렇게 하려다가는 결국 실패하고 말 것이다. 성경의 나머지 말씀은 레위기 15장에 무언가 귀한 것이 있다고, 무언가 거룩하고 의롭고 선하고 사랑할 만한 것이 있다고 분명히 말한다. 또한 반드시 그래야 한다. 그렇다면 그게 무엇일까?

▎정결함과 부정함

이 구절에서 자꾸 우리를 노려보는 그 단어로 다시 돌아가 보자. '부정하다.' 이 단어는 열세 개 구절에서 열여덟 번 쓰였으며, 부정함이 한 여자에게서 침상과 의자와 단지와 냄비와 다른 사람들에게로 번져 나가면서 우리 앞에 펼쳐진 성경에 자꾸 등장한다. 부정하다. 부정하다. 부정하다.

코로나 19 팬데믹으로 우리 모두는 '정결함'과 '부정함'이 있는 세상에서 산다는 게 어떤 것인지 맛보았다. 밖에 나가 돌아다닐 때 손에 닿는 것들을 갑자기 조심하게 되었다. 문손잡이, 신용카드 단말기, 식당의 메뉴판 같은 평범한 물건들이 새로운 위협이 되었다. 바이러스는 눈에 보이지 않으며 치명적일 가능성이 있다. 우리 자신을 포함해 누구든 감염될 수 있으므로 사람이 많은 곳은 피하고 사랑하는 사람들과의 포옹도 삼가도록 권고받았다.

레위기에서 '부정하다'는 것은 위생에 관한 진술이 아니었다. 이는 월경 중인 여자(혹은 유출이 있는 남자)가 더럽다는 말이 아니다. 또한 부정하다는 **것 자체가** 죄는 아니다. 월경 중인 여성은 아무 **죄가 없다**. "부정함은 행동에 경계를 설정하지만, 이 경계를 범하지 않는 한 죄책은 초래되지 않는다."° 레위기의 다른 부분(예를 들어 20장)에서 하나님은 간음이나 근친상간처럼 죄책을 **초래하고** 그래서 마땅히 징벌받아야 할 행동들을 나열하신다. 하지만 월경은 그 목록에 없다.

레위기에서는 거룩한 것과 평범한 것, 정결한 것과 부정한 것이라는 범주를 사용해서 사물(그리고 사람들)을 묘

° 같은 책, p. 220.

사한다. '거룩하다'는 하나님이 어떤 분인지를 말해 주며, 하나님을 섬기는 일을 위해 구별된 것들도 거룩하다. 그 외의 모든 것은 '평범하다.' 평범한 것들은 정결하거나 부정하다.

이런 구분이 음식 문제에서 이스라엘 사람들에게 어떻게 작용했는지는 우리들 대부분이 이미 조금 알고 있다. 어떤 짐승(양이나 암소 등)은 '정결했고', 그래서 이스라엘 사람들이 먹어도 괜찮았다. 어떤 짐승(돼지나 새우 등)은 '부정했고', 그래서 먹을 수 없었다. 다시 말하지만 이런 범주화는 음식 위생에 관한 것이라기보다, 그보다 더 큰 어떤 현실을 보여 주는 그림의 의도가 강했다. 이스라엘 사람들은 하나님의 백성이었다. 이들은 홍해를 가르는 길로 인도되었고(이는 이들 고유의 '세례 의식'이었다, 고전 10:2), 그래서 이제는 '정결했다.' 약속의 땅에서의 삶은 에덴동산에 살 때 인간의 원래 상태를 재창조한 것과 같다고 할 수 있다. 하나님과의 관계를 향유하는 하나님의 백성으로 재창조된 것이다.

하지만 이방인들(비유대인들)은 타락 이후 모든 인류의 자연적 상태에 여전히 매여 있었다. 이들은 부정했고, 죄에 오염되어 있었으며, 하나님에게서 떨어져 있었다. 그러므로 이들은 하나님의 백성에게서도 떨어져 있었다. 그것이 바로 율법의 주된 요점 중 하나다. 율법은 이스라엘이 주변 나라들과 구별되게 한다.

그래서 정결하거나 부정한 음식이라는 규정은 이 구별을 보여 주는 그림이기도 했고 이 구별을 강화해 주기도 했다(이방인 양 집에서 열리는 바비큐 파티 메뉴에는 핫도그와 베이컨 치즈버거가 있기 때문에 당분간 이스라엘 씨가 그 집 파티에 가는 일은 없을 것이다). 사도행전 10장에 기록된 베드로의 환상이 매우 혁명적인 이유가 바로 이것이다. 이 환상에서 베드로는 부정한 짐승 한 무리가 보자기에 싸여 내려오는 것을 보았고 그것을 먹으라는 말을 들었는데, **전에 부정하던 사람들**(이방인)**도 하나님의 백성이 될 수 있도록 복음이 길을 열어 준다**는 것이 이 환상에 담긴 메시지다.

그건 그렇고, 레위기 15장으로 다시 가 보자.

▎우리에게 필요한 것은 '정결' 그 이상

짐승들의 정결함이나 부정함은 불변했지만, 사람을 비롯해 다른 것들은 대부분 정결함과 부정함의 범주를 넘나들 수 있었다. 정결한 것들이 하나님을 위해 따로 구별되면

'거룩해'질 수 있었다. 하지만 정결한 것들이 '부정해'질 수도 있었다. 부정한 것과 거룩한 것은 **서로 가까이 있어서는 안 되었다**. 장막 예배 때 정결한 사람들은 장막 바깥뜰에 제물을 바치러 나올 수 있었다. 1년에 한 번, 대제사장은 장막 한가운데, 곧 하나님이 임재하시는 장소인 지성소에 들어갈 수 있었지만, '거룩하게' 하는 일련의 의식을 통해 자신을 성별한 후에야 들어갈 수 있었다. 그러나 부정한 사람들은 아예 장막 근처에 다가갈 수도 없었다. 31절의 경고는 여기서 나온 것이다. "너희는 이와 같이 이스라엘 자손이 그들의 부정에서 떠나게 하여 그들 가운데에 있는 내 성막을 그들이 더럽히고 그들이 부정한 중에서 죽지 않도록 할지니라." 부정한 사람들과 부정한 것들이 하나님이 자기 백성들 가운데 거하시는 곳에 가까이 오면, 즉 지성소 근처에 다가오면, 이들은 죽거나 소멸될 터였다.

레위기에서 볼 수 있다시피, 한 가지 사실이 고통스러울 만큼 뚜렷해진다. 사람들은 일상적인 삶을 살다가도 순식간에 아주 부정해졌다. 가임기 연령의 건강한 여자는 이를 피할 수 없었다. 제아무리 애를 쓴다 해도 말이다.

그렇다면 하나님은 일을 왜 이런 식으로 만드셨을까?

글쎄, 사실 우리는 확실히 알지 못한다. 짐작건대 하

나님의 율법의 이 측면은 원래 이스라엘에게 어떤 사실을 일깨워 주려는 의도였을 것이다. 즉, 이스라엘이 하나님의 백성이라는 특권적 지위에 있기는 하지만, 이것이 이야기의 끝은 아니라는 것이다. 율법의 이 측면은 죄가 단지 '저기 바깥쪽' 부정한 이방인들만의 문제는 아님을 이스라엘에게 일깨워 주었다. 죄는 '여기 안쪽', 이들 자신의 마음의 문제이기도 했다.

우리도 다르지 않다. 16세기 종교개혁자 장 칼뱅(John Calvin)의 말을 빌리자면, "부패는 인간 전체에 들러붙는다."° 부패는 우리에게 달라붙는다. 부패는 현실적이고, 심각하며, 전염성 있다. 하나님이 주신 선한 것들, 이를테면 성(性)과 출산처럼 가장 좋은 것들도 부패에 오염되며, 그렇게 해서 구약 시대 신자들을 '부정하게' 만든다(레 12:1-8; 15:18). 하나님의 은혜로운 간섭이 없는 한, 하나님과 인간 사이의 간극은 극복할 수 없을 만큼 크고 넓다. 그저 더 열심히 애쓰는 것으로는 스스로를 정결하게 하거나 그 정결을 유지할 수 없다. 중요한 것은, 아마 모든 정결례와 모

° 장 칼뱅, 『율법의 조화』(*Harmony of the Law*), 2권, 레 15장 주석.

든 제사는 단지 임시방편일 뿐임을 이스라엘에게 전달하는 일이었을 것이다. 더 근본적인 해법이 필요했다.

레위기의 이 구절들은 삶의 어느 부분도 거룩하신 하나님의 시선 밖에서 영위되지 않음을 일깨워 주는 역할도 한다. 여성의 삶에서 가장 내밀한 부분인 월경까지도 하나님의 눈에 보이고, 예측되고, 조정된다. 나는 월경 중에 교회에 나가서 월경 중인 것을 누구에게도 눈치채이지 않고 돌아올 수 있지만, 월경 중인 여자가 성전에 갔다가는 죽고 말았을 것이다. 왜냐고? 하나님은 그 여자가 부정하다는 것을 보실 수 있었기 때문이다. 하나님은 그 여자의 가장 내밀한 부분을 보셨다. 그리고 하나님은 여러분의 가장 내밀한 부분도 보신다. 오싹한가? 꺼림칙한가? 처음에는 그렇게 보일지도 모른다. 하지만 하나님이 우리의 월경 주기보다 더 사사로운 무언가를 보신다고 생각해 보라. 하나님은 우리 마음속에 있는 것을 보신다. 우리를 아시는 하나님의 지식은 그 정도로 진지하고, 그 정도로 완전하다. 그 지식은 우리를 불안하게 하고, 심지어 간섭한다는 느낌이 들 정도다.

그리고 우리의 내면을 보실 때 하나님은 우리의 진짜 상태, 자연스러운 상태를 보신다. 부정한 상태 말이다.

월경을 둘러싸고 별로 유익하지 않은 문화적 금기가 겹겹이 쌓여 있는 것은 확실하지만, 월경이 꽤… 지저분하다는 것을 인정하지 않는다면 우리 자신을 속이는 것이다. 월경 자체는 비교적 얼마 안 되는 양(80밀리리터 이하)의 피와 관련된 일이지만, 그에 걸맞지 않게 여러 불편하고 달갑지 않은 일을 겪게 만드는 경향이 있다. "맞아요, 월경 때면 불결하다는 느낌이 들어요"라고 한 친구는 말한다. 사실 그 친구는 의사인데, 레위기의 이 구절에 대해 이야기하다가 이렇게 말했다. "내 생각에 그건 문화에 배어 있는 관념 정도가 아니에요. 월경은 실제로 번잡스러워요."

구약성경 몇몇 구절에서 하나님이 월경을 생생하게 묘사하시면서 자기 백성의 죄의 부정함에 관해 말씀하시는 이유가 바로 그 때문일 수도 있다(예를 들어 겔 36:17과 애 1:8-9). 이사야가 "우리는 다 부정한 자 같아서 우리의 의는 다 더러운 옷 같으며"(사 64:6)라고 탄식하는 구절을 많은 이들이 알고 있다. 하지만 이사야가 말하는 더러운 옷이 넝마 같은 **생리대**라는 것을 아는 사람은 별로 없다. 그리스도 밖에서는 우리의 가장 선한 행위도, 즉 우리의 '의로운 행위'도 우리의 타락한 본성으로 더러워진다. 이는 거룩하신 하나님께 악취 나는 생리대를 바치는 것과 비슷하

다. 그렇다, 그건 역겨운 광경이다. 하지만 죄는 그 정도로 역겹다.★

"전적으로 자연스러운 일을 우리는 왜 부끄러워해야 하는가?"가 바로 우리 시대의 '월경 자부심' 운동을 떠받치고 있는 논리다. 하지만 그리스도인은 자연스러운 일에도 마땅히 부끄러워해야 할 부분이 많음을 인정하는 사람이다. 자연스럽게 일어나는 일 중에서도 어떤 것에 대해서는 **부끄러움을 느껴야 한다**. 지금 이것은 내 월경을 말하는 게 아니다(다시 한번 확실히 해 두자면, 월경은 부끄러워해야 할 일이 아니다). 자기를 중요하게 여긴 나머지 다른 사람을 얕잡아 보는 내 태도를 말하는 것이다. 내게 잠재된 불공평과 편견을 말하는 것이다. 다른 사람의 고통을 불쌍히 여기지 않는 내 무감각함을 말하는 것이다. 누군가가 도움을 필요로 하는 것을 보았으면서도 귀찮아서 못 본 척하는

★ 월경이 특히 부정하게 여겨지는 다른 몇 가지 이유가 있다는 것을 지적해 둘 만하다. 이는 "육체의 생명은 피에 있음이라"(레 17:11)는 개념과 관계있을 수도 있으며, 그렇게 보면 피를 흘린다는 것은 죽음의 상징이다(이 주제는 결론 부분에서 다시 다루겠다, 이 책 p. 169 이하를 보라). 월경이 부정하게 여겨지는 또 한 가지 이유는, 월경이 임신하지 않았다는 표시이기 때문일 수도 있다. 구약성경에서 하나님의 목적은 특히 출산과 연결되어 있기에 월경은 전적으로 부정적인 관점에서 묘사되었다(이에 대해서는 5장에서 더 알아보기로 하자).

내 게으른 이기심을 말하는 것이다. 이 모든 것은 내게 자연스럽게 일어나는 일들이다. 그리고 이 모든 일들을 나는 부끄러워한다. 아니 부끄러워해야 한다. 월경은 아마 다음과 같은 것을 우리에게 일깨워 주는 하나의 기회일 것이다. 즉, 우리 마음의 부정함은 우리의 내면 깊은 곳에서 나와서 우리의 행동으로 흘러 들어가, 우리의 최선의 노력과 인간관계로까지 스며들고 우리가 만지는 모든 것을 얼룩지게 한다는 것이다(막 7:14-23; 사 64:6). 설령 이 과정을 중단시키고 싶다 해도 우리에게는 멈출 힘이 없다. 이는 자연스러운 일이다. 하지만 자연스러운 만큼 부정하기도 하다.

그러니, 좋다, 나는 부정한 여자라고 하자. 이는 내가 여자이기 때문이 아니다. 내가 월경을 하며 피가 내 몸 밖으로 나오기 때문도 아니다. 다만 "속에서 곧 사람의 마음에서 나오는…악한 생각 곧 음란과 도둑질과 살인과 간음과 탐욕과 악독과 속임과 음탕과 질투와 비방과 교만과 우매함이니 이 모든 악한 것이 다 속에서 나와서 사람을 더럽게"(막 7:20-23) 하기 때문이다. 어느 평범한 달에는 이를 잊기가 아주 쉽다.

하지만 월경 때문에 불편한 기분이 드는 만큼 기억할 필요도 있다. 이 문제의 깊이를 인식할 때만, 월경이 아니라 우리의 부정한 영적 상태에 제대로 부끄러움을 느낄 때만, 우리는 우리 구주가 주시는 화평의 말씀을 새롭게 들을 준비가 된 것이라는 사실을.

▎수치는 이제 그만

시내산에서 갈릴리 호숫가까지 약 1,500년과 650킬로미터를 뛰어넘고, 레위기에서 마가복음 본문으로 이동한 뒤, 한 장면을 그려 보라.

> 열두 해를 혈루증으로 앓아 온 한 여자가 있어 많은 의사에게 많은 괴로움을 받았고 가진 것도 다 허비하였으되 아무 효험이 없고 도리어 더 중하여졌던 차에.
>
> 막 5:25-26

여기 레위기 15:25-30에 묘사된 장기간의 비정상적 하혈로 고통을 겪는 한 여자가 있다. 여자의 상태가 정확히 어땠는지 우리는 알 수 없지만, 부인과 질환이 대개 그런 것처럼 통증이 심했을 것이고 그래서 심신이 매우 지쳤을 것이라 짐작할 수 있다. 여자는 "많은 의사에게 많은 괴로움을 받았[다].” 병을 고치려고 여기저기 돌아다니는 일이 아마 병의 근본 원인을 찾는 것보다 더 힘들었을 것이다.

하지만 통증보다 더 견디기 힘든 것은 수치감이다. 여자가 겪었을 수치감은 중국 식당 의자에 생리혈이 묻었을 때에 비할 바가 아니다. 이 여자는 의식(儀式) 면에서 12년 동안 부정했다. 여러분은 12년 전에 무엇을 하고 있었는가? 레위기 율법 아래서 이는 12년 동안 남편과 한 침대를 쓰지 못했다는 뜻이다(남편이 있었다면). 12년 동안 다른 사람을 포옹하는 기쁨을 누리지 못했다는 뜻이다. 12년 동안 성전에 예배하러 가지 못했다는 뜻이다. 12년 동안 주변 사람들에게 배척받으며 수치 가운데 살았다는 뜻이다.

게다가 이제 병이 나으리라는 희망도 없다. 돈도 바닥났는데 하혈은 멈출 줄을 모른다. 여자는 단 하루도 호전된 상태로 잠에서 깬 적이 없고, 대개 더 악화된 상태에서 눈을 뜬다. 그 고집스런 피 얼룩은 하루 또 하루, 매일 아침마다 나타난다.

그러던 중 여자는 예수라고 하는 이가 기적을 행한다는 소문을 듣는다. 예수는 누구도 고칠 수 없는 병을 앓는 사람들을 엄청나게 많이 고쳐 주었다고 한다. 여자는 희망의 불빛이 희미하게 깜박이는 것을 느낀다. 그가 자신을 위해서도 그렇게 해 줄 수 있을까… 그렇게 **해 주려고 할까**? 자존심 강한 유대인 남자라면 이 여자를 상종도 안 하려고 할 것이 분명하다. 하지만 여자는 절박하다. 벌써 **12년째다**. 그래서 여자는 붐비는 사람들 사이로 어떻게든 예수에게 손을 내밀어 보기로 마음먹는다. 자신이 사람 많은 곳은 피해야 하는 부정한 여자임을 아무도 알아보지 못하기를 바라면서 말이다.

> 예수의 소문을 듣고 무리 가운데 끼어 뒤로 와서 그의 옷에 손을 대니, 이는 내가 그의 옷에만 손을 대어도 구원을 받으리라 생각함일러라. 이에 그의 혈루 근원이 곧 마르매 병이 나은 줄을 몸에 깨달으니라.
>
> 막 5:27-29

눈 깜짝할 사이에 통증이 사라지고 하혈이 멈춘다. 병이 나았다는 것을 깨달은 순간 마음이 날아오르는 것 같았을 그 안도감을 상상해 보라. 하지만 행복감도 잠시, 여자는 곧 온몸을 조이는 두려움에 사로잡힌다….

예수께서 그 능력이 자기에게서 나간 줄을 곧 스스로 아시

고 무리 가운데서 돌이켜 말씀하시되, "누가 내 옷에 손을 대었느냐?" 하시니

제자들이 여짜오되, "무리가 에워싸 미는 것을 보시며 '누가 내게 손을 대었느냐?' 물으시나이까?" 하되

예수께서 이 일 행한 여자를 보려고 둘러보시니.
30-32절

상상해 보라. 여자는 심장이 쿵쾅대는 것을 느끼며 고개를 푹 숙인 채 이 남자와 눈을 마주치지 않으려고 필사적으로 애쓴다. 눈이 마주치는 순간 남자가 자기 얼굴을 보고 그를 만진 사람이 자신이며 그를 부정하게 만든 것이 자신임을 알아볼까 봐. 자신을 찾아내면 그는 뭐라고 할까? 벌컥 화를 내며 역겹다는 얼굴로 고개를 돌릴까? 이 모든 사람 앞에서 자신의 존재가 폭로될지도 모른다고 생각하니 여자는 견딜 수 없다.

하지만 예수는 범인 색출을 그만두려 하지 않는다. 발각되는 것은 시간문제다. 그래서 여자는 한 발짝 앞으로 나가 무릎을 꿇고 엎드려 입을 연다.

여자가 자기에게 이루어진 일을 알고 두려워하여 떨며 와서 그 앞에 엎드려 모든 사실을 여쭈니.

33절

군중들이 놀라 일시에 입을 다물었을 그 순간, 아마 시간이 잠시 멈춘 듯했을 것이다. 모든 시선은 예수에게 고정된다.

예수께서 이르시되, "딸아, 네 믿음이 너를 구원하였으니 평안히 가라. 네 병에서 놓여 건강할지어다."

34절

여자는 눈을 뜬다. 바로 코앞에 고운 흙먼지가 보인다. 하지만 지금 여자의 귀가 여자를 속이고 있는 것은 아닐까? 예수의 음성에는 화난 기색도, 역겨워하는 기색도 없다. 게다가 예수의 말씀에는 사랑과 여자의 행동을 수용한다는 뜻이 담겨 있다. "딸아, 네 믿음이 너를 구원하였으니 평안히 가라. 네 병에서 놓여 건강할지어다."

▎딸아…

예수님께 나아가면, 그분은 우리에게도 이렇게 말씀하신다.

"**딸아…**" 더는 그분과 거리를 두지 않아도 되고, 진영 밖에 머물지 않아도 된다. 우리는 하나님의 품으로 인도되어, 무조건 사랑받고 그분의 눈동자처럼 소중히 여김을 받는다. 심히 부정한 사람에게 어떻게 그런 일이 가능한가? 왜냐하면…

"**네 믿음이 너를 구원하였으니.**" 예수님이 우리 죄를 깨끗이 해 주실 수 있음을 믿고 믿음으로 손을 내밀며 그분께 나아갈 때, 그분은 바로 그렇게 해 주신다. 예수님은 십자가의 권능으로 우리를 깨끗하게 하시니, 십자가에서 그분은 우리의 영적 부정함을 친히 짊어지셨다. 또한 예수님은 심히 크신 구주이시기에 손톱만 한 믿음만 있어도 넉넉히 우리 죄가 씻겨 없어지고 예수님이 제공하시는 모든 것이 우리에게 주어질 수 있다.

"**평안히 가라. 네 병에서 놓여 건강할지어다.**" 예수님은 평안과 자유를 주신다. 예수님은 우리와 하나님 사이에 갈등 대신 화평을 안겨 주시며, 우리 안에 평안을 회복시키신다. 우리는 수치스러워해야 하는 모든 것에서 자유로워진다. 우리의 죄는 사함받고, 예수님 안에서 우리의 지위는 확고하다. 타인의 기대에 짓눌린 기분을 느끼거나 타인이 어떻게 판단할까 두려워하며 살 필요가 없다. 자기혐오의 마음속 독백에 지배당하지 않아도 된다. 예수님은 우리의 최악의 모습을 보셨으며, 그럼에도 어쨌든 우리를 위해 죽으실 만큼 우리를 사랑하셨다.

"딸아, 네 믿음이 너를 구원하였으니 평안히 가라. 네 병에서 놓여 건강할지어다."

이 구절이 마가복음에서 이 혈루증 앓는 여자에 관해 우리가 볼 수 있는 마지막 말씀이다. 우리는 그다음에 어떤 일이 있었는지 정말 알고 싶다. 예수님과의 만남 후 여자가 집으로 돌아가는 광경, 혹은 새 삶을 시작하는 광경을 목격하고 싶다.

 하지만 다르게 생각하면, 우리는 그 후의 일에 대해 알게 되는 것보다 더 나은 일을 할 수 있다. 예수님이 자유롭게 해 주신 여자들로서, 우리가 직접 이 이야기의 나머지 부분을 삶으로 살아 낼 수 있는 것이다.

그분께 맡기라

월경을 창피해하는 문제에 관한 한, 길 이편에도 함정이 있고 저편에도 함정이 있다.

길 이편에는 불필요한 수치심이 자리 잡고 있다. 화장실 칸막이 안에서 바스락거리는 소리를 내지 않으려 애쓰게 만드는 이 수치심을 남들보다 더 크고 심각하게 느끼는 여성들이 있다. 이 수치심은 의학적 도움이 필요할 때 병원 가기를 망설이게 만든다. 이 낯간지러운 거북함 때문에 우리는 남편과 솔직하게 대화하지 못하거나 직장에 결근하는 진짜 이유를 인사과에 설명하지 못한다. 이 곤혹스러움 때문에 우리는 그리스도 안에 있는 다른 자매가 이 문제에서 우리 짐을 져 주는 것을 받아들이지 못한다.

단순히 월경이 문제가 아니다. 우리 중에는 여성으로서의 우리 삶의 수많은 영역에서 수치심을 느끼는 이들이 많다. 거울을 들여다보다가 나를 감싸고 있는 거죽 밖으로 기어 나가 누구도 찾지 못할 어두운 곳에 숨어 버릴 수 있었으면 좋겠다고 생각할 때 느끼는 자기혐오. 마음속으로 생각하고 또 생각하면서 한밤에 잠들지 못하게 만들고 스스로를 위축시키는 행동 양식.

월경에 관해서는(혹은 호르몬이나 임신 능력이나 그 외 '생식기 건강' 범주에 속하는 다른 무엇에 관해서든) 무조건 터놓고 이야기해야 한다는 말이 아니다. 하지만 창피스럽다는 이유로 이런 것들에 관한 이야기를 삼가지는 말았으면 한다. 이야기할 필요가 있는데 용기가 나지 않을 때는 숨을 한 번 깊이 들이쉬고 스스로에게 알려 주라. 그리스도 안에서 하나님이 나를 딸이라 부르셨다는 것을. 하나님은 여러분을 기뻐하신다. 하나님은 여러분의 몸을 선하게 만드셨다. 하나님은 여러분의 최악의 모습을 이미 보셨지만, 그런데도 여러분의 내면과 외면을 받아들이신다. 하나님은 여러분의 행복을 바라신다. 다른 사람의 말이나 생각이나 행동 그 어떤 것도 여러분에게서 이를 앗아 가지 못한다. 스스로에게 하는 어떤 말로도 이 사실이 달라지지는 않는다. 월경과 관련해서든 다른 문제에서든 창피함을 느낄 때마다 우리에게 필요한 것이 바로 이것이다. 또한 창피함과 두려움 가운데 살게 하기보다 "후일을 웃[을]"(잠 31:25) 수 있게 하는 것이 바로 이것이다.

그런데 길 저편에도 함정이 있다. 하나의 범주로서의 수치심을 아예 지워 없애 버리려 하는 것이다. "월경 파워"(period power)라는 슬로건은 이제 여성들이 일어나, 사과하기를 그만두고, 우리의 참되고 멋진 자아를 세상에 마음껏 드러낼 때가 되었다고 하는 광범위한 외침이다.

하지만 성경은 이런 사고 유형의 극단성을 우리에게 경계시킨다. 그렇다고 해서 더 바람직한 월경 건강과 교육, 그리고 월경에 찍힌 오명을 제거하기 위한 캠페인이 좋지 않다는 말은 **아니다**. 이런 것들은 훌륭한 캠페인이다. 또한 고통과 불평등에 대한 온정적 반응이다. 다만 '자연스러운' 게 언제나 '좋다'고 하면 온갖 종류의 오류에 빠지게 **된다**는 말이고, 그래서 수치심은 우리의 죄 된 생각과 행동에 대한 적절한 반응이라는 말이다. 그런 종류의 수치를 느끼는 것은 바람직한 일이다. 이 수치감이 우리를 십자가로 인도하기만 한다면 말이다. 예수님**만이** 수치심을 없애 주실 수 있다. 우리 스스로 수치심을 벗어던지려는 시도는 오래가지 못할 것이다. 머지않아 또다시 진흙탕에 주저앉게 될 것이다. 이생에서가 아니라면 다음 생에서라도. 하지만 예수님은 그 수치심을 **없애 주신다**. 십자가에서 말이다. 오늘 수치스러워할 이유가 있다면, 이를 그분께 가지고 가서, 그분께 맡기라.

그리스도인 여성들은 굳이 자기 내면을 들여다보며 자기 능력에 우쭐해하는 슈퍼 히어로일 필요가 없다. 우리는 하나님의 딸들로서, 예수님을 바라보며 그분의 소유임을 기뻐한다.

4장

아주 많은 감정

휴가 중 어느 무더운 날, 잉글랜드의 예스러운 해변 마을에서 아이스크림 가게를 구경하고 있다고 상상해 보자. 가게 문을 여니 문 위에 달린 종이 딸랑거리고, 앞에 있던 사람이 몇 걸음 옆으로 비켜나자 전면이 유리로 덮인 카운터 너머로 스물네 개의 바닐라 아이스크림 통이 보인다. 모두 똑같은 크림색 무더기가 줄지어 늘어서 있다. "바닐라 아이스크림 주세요." 나는 자신 있게 주문한다. 아이스크림콘을 받아들고, 가게를 나와 햇볕 아래로 나서면서 한 입 베어 문다. 달콤하다. 기분 좋다. 그렇다… 바닐라 맛이다.

이 특이한 아이스크림 가게 환상에 대해서 좀 할 말이 있다. 그런 가게에 가면 보통의 아이스크림 판매점에 비해

스트레스가 훨씬 덜하다. 아이들을 데리고 갈 경우에는 특히 더 그렇다. 어떤 아이스크림을 고를지 고민하지 않아도 되고, 애써 고른 아이스크림이 맛이 없을지 모를 위험도 없다. 내가 무엇을 사는지 알고 있고, 잘 아는 맛을 손에 쥐게 된다. 모든 아이스크림이 다 바닐라 맛인 세상은 무엇 하나 흠잡을 데 없는 세상일 것이다(바닐라 아이스크림을 좋아한다는 전제하에).

그와 동시에 그런 세상에서는 많은 것을 잃게 되기도 한다. 먼저, 눈부실 만큼 다채로운 색깔과 맛으로 유혹하는 아이스크림의 행렬이 없다. "오늘은 피스타치오 아이스크림을 먹을 거야, 그리고 어쩌면 내일도 와서 망고 소르베를 먹어 봐야지" 하는 기대감도 없다. "네 것 조금만 먹어 보자, 그럼 내 것도 조금 맛보게 해 줄게"라고 하며 옆 사람과 아이스크림을 바꿔 먹는 재미도 사라진다. 라즈베리의 상큼한 맛, 다크 초콜릿의 깊은 맛, 바삭거리며 이에 달라붙는 허니콤 맛 등을 결코 먹을 수 없다고 생각해 보라.

그렇다, 모든 아이스크림이 다 바닐라 맛인 세상은 완벽한 만큼 흠잡을 데 없는 세상일 것이다. 하지만 여러 가지 맛 아이스크림이 있는 세상만큼 좋지는 않을 것이다.

다양성에 대해서는 참으로 할 말이 많다.

▌ (어떤) 감정들을 찬양하며

앞서 월경 주기의 정서적 측면을 다룬 장에서 우리 마음은 부정적인 면으로 곧장 비약했을지 모른다(이번 장에서는 '도대체 아이스크림 이야기는 왜 하는 거야?'라는 생각으로 건너뛰었을 수도 있겠지만). 다시 말해, '월경'과 '감정'을 생각해 보라고 하면 우리는 대개 PMS(월경 전 증후군)를 떠올린다. 매달 월경을 시작하기 전 이유 없이 화가 나고 짜증이 나고 슬프거나 의기소침해지는 시기 말이다. 그리고 맞다, 우리는 그 모든 감정을 경험할 것이다. 그러나 먼저, 하나님이 우리를 설계하신 방식에 따르면, **모든 날이 바닐라 맛은 아닐 거라는** 사실은 축하할 만한 가치가 있다. 우리의 기분은 날마다 똑같지 않다. 그리고 그건 좋은 일이다.

우리의 기분과 감정에는 놀랄 만한 깊이와 다양성이 있다. 어떤 날은 신이 나서 마치 용수철이 달린 듯 발걸음이 통통 튄다. 어떤 날은 단 한 발짝을 내딛는 데도 굳은 결심이 필요하다. 또 어떤 날은 만족스러움을 느끼며 자기만의 보폭으로 천천히 걷는다. 그리고 대개 우리는 세 가지 맛 아이스크림이 하나의 컵에서 어우러지듯 이 세 가지 감정을 동시에 그럭저럭 조절해 가면서 산다.

계절에 따라 색이 달라지는 자연 세상을 지으신 것처럼, 하나님은 인간을 엄청나게 폭넓은 정서 체험을 하는 존재로 지으셨다. 또한 하나님은 타인과 의사소통하고 감정을 공유할 수 있는 언어를 주셔서, 타인에게 공감하고 감정을 이입하며 진심으로 마음이 통할 수 있는 기회를 주신다. 실로 우리는 하나님이 주신 몸 전체로 우리 자신을 표현할 수 있다. 우리의 얼굴과 기분은 우리 내면에 관해 많은 것을 보여 준다.

1장에서 말한 것처럼 우리는 뒤로 물러서서 경탄하지 않을 수 없다. 인간으로 존재한다는 것은 얼마나 엄청난 선물인가. 여러 가지 다채로운 맛의 감정으로 가득한 '아이스크림 가게'에 서 있다는 것은 얼마나 경이로운 일인가.

물론 이 말은 월경 주기를 겪는 이들만이 아니라 모든 사람에게 해당된다. 우리의 기분은 잠을 얼마나 깊이 잤는지, 밥을 먹은 지 얼마나 됐는지, 어젯밤에 전화로 언니와 싸운 일 등 **이런저런** 일들 때문에 하루 혹은 일주일 사이에도 몇 번씩 바뀔 수 있다. 사소해 보이는 일이 사소하지 않은 차이를 만든다. 큰일은 큰 차이를 만들어, 몇 주나 몇 달 혹은 몇 년에 이르기까지 우리의 기분을 좌우한다.

여기에 호르몬 주기가 또 한 가지 동력을 추가한다(사춘기와 완경기의 변화가 그렇듯). 많은 이들에게 이는 믿을 수 없을 만큼 강력한 동력이다. 여자들은 배란기 때 에스트로겐이 증가하면 자신감이 생기고 자기주장이 강해지며 사교성이 높아진다. 반면 월경일이 가까워지면서 에스트로겐과 프로게스테론 수치가 떨어지면, 사소한 신경과민에서부터 하늘이 무너지는 기분에 이르기까지 어떤 것이든 느낄 수 있다.

얼마 전 한 친구에게 주말 어떻게 보냈느냐고 물었더니 이렇게 대답했다. "토요일 밤에 호르몬 작용이 얼마나 심했는지 솔직히 말해 세상이 끝나는 느낌이었어. 자꾸 내 일이 싫고, 출퇴근하기도 싫고, 아파트는 너무 좁고, 욕실 청소도 안 하는 나는 아내로서 최악이라는 생각이 드는 거야. 보통은 그런 생각 하지 말라고 나 자신을 타이를 수 있는데, 월경 때가 가까워지면 마음이 아주 우울해져. 상태가 너무 안 좋아서 <스타와 함께 춤을>(Strictly Come Dancing: 영국에서 인기 있는 춤 경연 프로그램으로, 미국을 비롯한 여러 나라들에 판권이 팔려 "Dancing With the Stars"라는 제목으로 방송되고 있다—편집자)도 못 볼 정도였어."

아이스크림 가게 이미지는 바로 그 지점에서 충분하지 않다. 온갖 유쾌한 맛의 감정을 다 고를 수 있지만, 맛이 별로 안 좋은 감정도 있고, 우리가 주문하지 않았는데도 어찌된 일인지 그 맛없는 감정이 주어질 때도 있는 듯하기 때문이다.

물론 우리의 기분은 주변 사람들과의 상호 작용 방식에 자주 영향을 끼친다. 어느 날 하루 종일 아이들에게 잔소리를 하거나 동료를 못마땅하게 노려보았는데, 하루나 이틀쯤 후에 월경이 시작되면 어떤 느낌일지 아마 잘 알 것이다. 그럴 때 우리는 생각한다. '아… 그래서 그렇게 기분이 안 좋았구나.' 내 친구 제스(Jess)가 한번은 월경 때문에 기분이 안 좋아서 남편과 다투고 닷새 동안 말을 안 했다고 한다. "단 한 마디도 안 했어." 제스는 약간 우쭐해하는 듯한 얼굴로 말했다. "그렇다고 해서 PMS 때문에 공연히 짜증을 내는 건 아니야. 짜증이 나는 데는 늘 그럴 만한 이유가 있거든. 그런데 짜증의 단계가 1에서 10까지 있다고 할 때, 평소에 3단계 정도의 짜증이 날 일로도 매달 그날엔 10단계까지 짜증이 치솟는단 말이야."

내가 지금 민감한 영역에 대해 이야기하고 있다는 것을 잘 안다(지금까지 그렇지 않았던 것은 아니지만…). 대부분의 여성들에게 PMS는 정말 까다롭긴 하지만 이길 수 있는 싸움이다. 그러나 일부 여성들의 경우 이 증상은 월경 전 불쾌 장애 범주로 분류되어, 어떤 책 한 권의 일부를 읽는 것이 아니라 훨씬 더 큰 도움을 받아야 할 정도로 심각하기도 하다. (여러분이 그렇다면, 병원에도 가 보고 믿을 만한 동료 그리스도인과도 의논해 보라.) 그리고 또 어떤 여성들에게 PMS는 아무런 문제가 아니기도 하다. 어떤 저자가 이 문제를 제대로 다루고자 할 때, 아니 타인의 아픔에 공감하고자 하는 사람이라면 누구나 겪게 되는 어려움은, 정말로 다른 사람의 처지에서 인생을 경험할 수 있는 사람은 세상에 없다는 점이다.

하지만 어떤 의미에서 성령은 그렇게 **하실 수 있다**. 성령이 여러분에게 내주(內住)하시기 때문이다. 그리고 하나님의 영은 하나님의 말씀을 통해 여러분에게 이야기하신다. 이제부터 우리가 다루려는 내용이 바로 이것이다. 바울이 골로새 교회에 보낸 편지의 세 번째 장을 간단히 훑어보면서, 우리가 매달 그 기분 안 좋은 날을 통과해 나갈 때 그 내용이 어떻게 도움이 되는지 알아보자. 그전에 먼저, 잠깐 멈추고 성령께 구하자. 오늘 하나님의 말씀을 통해 어느 지점에서 우리에게 힘을 북돋아 주고 우리를 지지해 주고자 하시는지, 그리고 어느 지점에서 우리에게 이의를 제기하고자 하시는지 알려 달라고 말이다. 어느 특정한 날 여러분이 성인처럼 행동하는지 죄인처럼 행동하는지, 아니면 그저 생존만을 위해 처신하는지 나로서는 알 수 없다. 그리고 이제부터 하게 될 이야기의 어느 부분이 정확히 여러분에게 해당되고 어느 부분은 별로 상관이 없는지도 나는 알 수 없다. 하지만 성령은 아신다. 그러니 그분께 묻자.

▌골똘히 생각하라

어떻게 하면 호르몬 관련 정서 상태나 감정이 격해지는 문제를 처리할 수 있을지 구글에 지혜를 구했을 때, 구글이 제시하는 대답은 대개 자기 돌봄, 자기 정당화, 자기 수용으로 요약할 수 있다.

성경이라면 우리를 다른 출발점에 세울 것이다. 성경도 구글의 이런 조언 못지않게 우리에게 위로를 주지만, 성경은 거기에 그치지 않고 훨씬 더 많은 것을 알려 준다. 바로 그리스도가 우리를 위로하시고, 우리를 옳다 하시며, 우리를 수용하신다는 것이다. 이것이 출발점이다. 우리가 어떤 싸움이나 죄를 다루든, 그리고 매달 어떤 날에 그 싸움이나 죄를 직면하든 말이다.

바울은 편지 전반부에서 그리스도의 지고(至高)하심을 묵상하고, 골로새 그리스도인들을 진리에서 멀리 끌고 갈 수도 있는 거짓 교사들의 위험에 대해 경고한다. 이어서 3장에서 바울은 그리스도를 위해 사는 삶이 인생의 모든 영역에서 정확히 어떤 모습으로 나타나는지에 초점을 맞춘다. 바울은 이렇게 이야기를 시작한다.

> 그러므로 너희가 그리스도와 함께 다시 살리심을 받았으면 위의 것을 찾으라. 거기는 그리스도께서 하나님 우편에 앉아 계시느니라. 위의 것을 생각하고 땅의 것을 생각하지 말라. 이는 너희가 죽었고 너희 생명이 그리스도와 함께 하나님 안에 감추어졌음이라. 우리 생명이신 그리스도께서 나타나실 그때에 너희도 그와 함께 영광 중에 나타나리라.
>
> 골 3:1-4

정신과 간호사로 일하는 친구와 PMS에 관해 이야기하던 중, 친구는 생각과 기분 사이에 차이가 있다고 지적했다. 우리는 종종 생각과 기분을 혼동한다. 기분은 슬프다, 행복하다, 걱정되다 등과 같이 대개 한마디로 표현되는 개념이다. 이에 반해 생각은 우리가 자기 자신에게 하는 이야기다. '누구도 나를 정말로 신경 써 주지 않아', '사실 난 내 직업이 싫어' 같은 것이다. 기분은 생각을 북돋고, 생각에 따라 기분이 결정된다. 우리는 감정의 반응을 스스로 거의 제어할 수 없지만, 생각을 재훈련하는 것은 가능하다. 그래서 인지행동치료(CBT) 같은 현대적 요법은 대개 사고의 패턴에 초점을 맞추어 그 사람의 기분을 장기적으로 변화시키고자 한다. 그렇다고 해서 생각의 변화가 빨리 혹은 쉽게 이뤄진다는 말은 아니다. 하지만 그리스도인에게는 이들 안에서 일하시면서 이들을 변화시키시는 성령이 계신다. 그래서 우리 혼자 힘으로는 불가능했을 일이 성령의 도움으로 가능해진다.

바울은 우리가 생각을 어느 방향으로 훈련해야 하는지에 관해 아주 명확한 입장을 보인다. **위에 있는 것에 우리 마음(hearts)과 생각(minds)을 두라**는 것이다. 여기서 "마음"이란 감정이라기보다 애정에 가깝다. 우리가 사랑하는 것 말이다. 하루 중 어느 일정한 시간에 내 마음과 생각을 어디에 두는지 무작위로 표본을 추출해 볼 경우, 그 결과가 '그리스도'가 아닐 가능성이 높다. 아마 우리가 매달 자기 내면을 들여다보게 되곤 하는 그날이면 특히 더 그럴 것이다. 그날이 되면 우리는 마치 소용돌이에 빠져들듯, 지금 상황이 정말 싫다, 나에게는 정말 친구가 없구나, 나는 정말 형편없는 아내/엄마/딸/친구/상사/직원이었구나 하는 생각에 휩쓸린다. (그리고 어느 것 하나 더 나아지지 않을 것 같다. 영원히.)

한 가지 대응책은, 이런 생각 중 어느 것도 사실이 아니라고 우리 자신을 설득하는 것이다("너는 사랑스러운 가정을 꾸렸잖아", "어젯밤에도 X를 만났잖아", "지난주에 초과 근무를 엄청나게 했잖아, 그러니까 이제 좀 쉬어도 돼" 등). 『월경의 힘』에서 메이지 힐은 자기 '내면의 지적꾼'에 맞서서 다음과 같이 꾸짖으라고 귀띔한다.

> "그런데 있잖아, 지적꾼, 그건 인정할 수 없어. 일기를 펼쳐 보니 내가 얼마나 대단한 일을 했는지 다 나와 있네. 후줄근한 차림으로 소파에 늘어져 있다고 나를 게으름뱅이 취급한다는 거 다 알아. 하지만 여름에 [배란기 전 며칠간] 다 박살을 냈으니까 난 쉴 자격이 있어. 그리고 지금은 쉬는 게 최우선이야."
>
> 『월경의 힘』, p. 142

이는 훌륭하고 상당히 중요한 방법이지만… 만약 이번 달 할 일을 '다 박살 내지' **않았다면**? 그리고 '대단하다'고는 누가 판단하는가? 휴식은 좋은 일이다. 하지만 우선 휴식할 만한 자격을 얻어야 한다면, 그렇지만도 않다.

우리는 자기평가보다는 좀 더 객관적인 무언가에 기댈 필요가 있다. 그리고 바로 그것을 바울이 우리 앞에 제시한다. 바울은 역사 속 그리스도의 죽음, 부활, 승천을 가리킨다. 그리고 우리가 믿음으로 그리스도에게 연합했으므로 죽음과 부활과 승천이 우리에게도 일어난다고 말한다. "이는 너희가 죽었고 너희 생명이 그리스도와 함께 하나님 안에 감추어졌음이라"(3절). 예수님이 우리를 대신해 죽으셨으며, 그래서 우리의 죄 된 옛 자아는 죽어 장사되었고, 처리되었다. 예수님은 우리를 위해 다시 살아나셔서 우리 마음에 새로운 부활 생명을 안겨 주셨다. 그리고 지금 그리스도는 "하나님 우편에 앉아" 계시며, 우리의 생명은 그분과 함께 거기 "감추어[져]" 있다. 우리가 지금은 그 영적 현실을 눈으로 볼 수 없지만, 언젠가는 보게 될 것이다. "그리스도께서 나타나실 그때에 너희도 그와 함께 영광 중에 나타나리라." 그동안 우리의 영적 신분은 안전하다. 누구도 그리스도의 양 떼를 그분의 손에서 빼앗지 못한다(요 10:28). 우리 마음속의 지적꾼도.

그래서 바울은 1절에서 말한다. **이것이 이미 참이므로 시야에 이것을 가득 담으라.** 이보다 더 크거나 더 좋은 상태는 없다. 그리스도가 바로 우리 생명이 있는 곳이라면, 우리의 애정과 생각도 그곳으로 향해야 한다. 사업차 해외에 나갔다가, 사랑하는 사람이 있는 집으로 어서 돌아가고 싶어 하는 사람을 생각해 보라. 이 사람은 언제 집에 돌아갈 수 있을지 헤아리고, 사랑하는 사람이 그때까지 어떤 모습으로 있을지 알고 싶어 한다. 돌아갈 날짜가 정해지고 비행기표 예약을 마치면, 그동안에 이 사람은 자기가 원래 있어야 할 곳으로 돌아가기를 고대하면서 사랑하는 사람에게 마음과 생각을 고정한다. 그것이 바로 우리 모습이어야 한다. 우리는 언젠가는 예수님과 함께 있게 될 것이다. 그날까지 우리는 예수님에게 생각을 고정시킨다.

어떤 의미에서 이는 아주 쉬운 일일 것이다. 하지만 이 일에는 의식적인 노력이 필요하다. 여기 이 명령에 주목하라. "위의 것을 찾으라.…위의 것을 생각하…라." 우리의 관심을 빼앗는 "땅의 것"은 수없이 많고, 그중엔 정당한 것도 있다. 하지만 한 달 중 어느 하루나 한 주간, 깨어 있는 열일곱 시간 이상 자꾸 생각이 맴도는 어떤 한두 가지 일이 분명 있을 것이다. 그 일이 무엇인지는 호르몬 변화와 삶의 상황에 따라 다르겠지만, 변하지 않는 단골 주제가 몇 가지 있을 것이다. 그런데 어떤 여성에게 그 단골 주제가 **그리스도**라면 정말 멋지지 않겠는가? 그런 여성으로 산다는 것, 혹은 그런 여성과 함께 있는 것은 기쁨일 것이다. 그래서 바울은 "위의 것을 찾으라. 거기는 그리스도께서…계시느니라. 위의 것을 생각하고 땅의 것을 생각하지 말라"고 말한다.

"그래, 좋아요, 하지만 **어떻게요**?!" 호르몬이 연료를 공급하는, 내성적(內省的) 생각의 순환 고리를 어떻게 떨쳐 낼 것인가? 여기 나에게 도움이 된 실질적 방법이 하나 있다. 린다 올콕(Linda Allcock)의 『더 깊이: 성경 묵상을 통해 명료한 생각과 충만한 마음 찾기』(*Deeper Still: Finding Clear Minds and Full Hearts Through Biblical Meditation*)라는 책에서 읽은 방법이다. 이따금 내 애정이 "땅의 것"에 너무 많이 사로잡혔음을 알아차리면, 나는 며칠 동안 손목에 머리끈을 감아 둔다. 나 자신이 땅의 것을 생각하고 있음을 자각하는 순간마다 머리끈을 반대편 손목으로 옮기면서, 그리스도께 생각을 고정할 수 있게 도와주시기를 하나님께 구하고, 내가 그리스도 안에서 어떤 존재인지를 나 자신에게 '설교'한다. 몸으로 하는 그런 행동이 실제로 생각의 흐름을 끊고 한계를 설정할 수 있게 도움을 주기도 하지만, 이는 기도하라고 우리를 일깨워 주는 역할을 하며 실제로 강력한 힘을 지닌다. 그러다가 어떤 이유에서든(머리를 묶기 위해서라든지) 머리끈을 결국은 빼게 되는데, 그래도 한동안은 효과가 계속된다. 그리고 얼마 후 내 생각 속에서 다른 어떤 비뚤어진 것을 또 발견하면, 나 자신에게 말한다. "머리끈이 필요한 날이네." 그리고 예의 그 과정이 다시 시작된다.

▮ 이것은 전쟁이다

그러므로 땅에 있는 지체를 죽이라. 곧 음란과 부정과 사욕과 악한 정욕과 탐심이니 탐심은 우상 숭배니라. 이것들로 말미암아 하나님의 진노가 임하느니라. 너희도 전에 그 가운데 살 때에는 그 가운데서 행하였으나, 이제는 너희가 이 모든 것을 벗어 버리라. 곧 분함과 노여움과 악의와 비방과 너희 입의 부끄러운 말이라.

골 3:5-8

이는 가차 없이 솔직한 구절이다. 그리고 묘하게 위로가 되는 사실은, 바울이 골로새의 그리스도인들에게 분함과 악의와 정욕을 벗어 버리라고 말해야 했다는 점이다. 이들이 이때까지도 이런 것들을 없애지 못한 게 분명했기 때문이다. 그러므로 통제할 수 없는 PMS가 한바탕 격발하는 바람에 아이들에게 발끈 화를 내서 나도 놀라고 아이들도 놀란다 해도, 나만 그런 게 아니다. 배란기와 몹쓸 텔레비전 프로그램이 합작해 성욕으로 몸이 달아오르게 만들고 온갖 그릇된 방향으로 생각이 치닫게 만든다 해도, 나만 그런 게 아니다. 그리스도인들은 1세기부터 이와 같은 싸움들을 맞닥뜨려 왔다.

5절과 8절의 이 두 목록이 전부가 아니라는 것 또한 기억해 둘 만하다. "땅에 있는 지체"란 크고 포괄적인 범주임이 확실하다. 마크 메이넬(Mark Meynell)은 이 구절을 주석하면서 '이기심'이 5절에 열거된 죄악의 '공통분모'라고 지적한다.° 에스트로겐이 활발히 분비되어 기분이 좋은 날에는, 세상에 이기적으로 사교성을 발휘한다는 게 어떤

° 마크 메이넬, 『당신을 위한 골로새서』(*Colossians For You*), p. 130.

것인지 너무도 잘 인식하게 된다. 그런 날에는 어떤 공간으로 들어가, 거기 있는 모든 사람이 오로지 나를 즐겁게 하려고 존재하는 양 행동하기가 얼마나 쉬운지 모른다.

이와 동시에 바울은 이런 것들을 어떻게 해야 하는지에 대해서도 가차 없이 솔직하게 말한다. "땅에 있는 지체를 죽이라"(5절). 우리의 참된 생명이 그리스도와 함께 감추어져 있을진대, 곧 그분이 우리 죄 때문에 죽으셨을진대, 우리가 전에 포용했던, 아니 적어도 용인했던 행실들이 이제 더는 합당하지 않다(7절). 이런 욕망들이 신호를 보낼 때 이제 더는 달려가지 않는다. 오히려 바울은 말한다. **유혹에 맞서 싸우라. 제압당하지 말라. 죽이라.** 이는 심각한 일이다. 왜냐하면 "이것들로 말미암아 하나님의 진노가 임하[기]" 때문이다(6절).

호르몬을 핑계 삼아 죄를 짓고 싶은 유혹이 든다면, 혹은 그런 유혹이 드는 순간에 기억할 것이 바로 이것이다. "네, 남편한테 신경질을 냈어요. 하지만 이러쿵저러쿵 나를 비난하기에 앞서 **남편도** 폐경기를 한번 겪어 봐야 해요." 이는 자기를 정당화하려는 말이다. "진심으로 미안해요, 하지만…." 이는 자기 잘못을 최소화하려는 태도다. 맞다, 호르몬은 현실적이고, 우리의 기분에 아주 실질적인 영향을 **끼친다**. 그래서 이 사실을 인정하는 것이 도움이 된다. 하지만 우리 호르몬 상태가 어떻든 죄는 여전히 죄다(그러니 회개 역시 회개다워야 한다). 바울은 여기서 어떤 단서도 달지 않는다. 그는 그 모든 것에 대해 말한다, **죽이라**고. PMS는 타인에게 못되게 굴어도 된다는 허가증을 주지 않는다. 또한 PMS는 우리가 한 달에 3일쯤은 불가피하게 암컷 늑대로 변한다는 뜻도 아니다(이에 대해서는 그다음 몇 구절에서 살펴볼 것이다).

또한 이는 상황을 알아차리고 전투 준비를 해야 한다는 말일 수도 있다. 월경 주기를 따라가면서 어느 지점에서 문제가 생길지 예측해 보면 준비 태세를 갖추는 데 도움이 될 것이다. 죄를 심각하게 받아들인다는 것은 때로 숙면, 규칙적 운동, 적절한 영양 섭취라는 상식적이고 일반적인 은총을 활용하는 형태를 띨 수도 있다. 부정적 감정과 씨름하고 있다면, 이것이 확실히 좋은 출발점일 수 있다. 기억하라, 우리는 몸과 영혼을 다 갖춘 피조물이다. 한쪽을 돌보면 다른 한쪽에 놀라운 일이 벌어진다. 자신의 죄를 심각하게 여기는 자세는 다음과 같은 모양으로 나타날 수도 있다. 즉, 내 죄에 대해 다른 사람 앞에 솔직해져서, 그 사람이 나를 위해 기도해 줄 수 있게 하고, 내가 부담을 덜고 유혹을 덜 받도록 실질적으로 나를 도울 수 있게 하는 것이다. 또한 죄를 심각하게 여기는 자세는 늘 성령의 선물을 잘 활용하는 것으로, 즉 하루를 시작할 때나 하루를 사는 동안 성령의 능력이 우리 안에서 역사해 주시기를 기도함으로써 성령의 도우심을 구해야 한다는 것을 명심하는 태도로 나타날 것이다.

이는 우리가 날마다 행해야 할 일이다. 우리의 월경 주기에는 유혹이 아닌 지점이 없다. 그러나 하나님의 은혜로, 월경 주기 추적 어플리케이션의 그 작은 알림음이 어쩌면 우리의 결단을 새롭게 하는 자극이 될 수도 있다. 우리에게 절실히 필요하지만 그만큼 쉽게 잊어버리는 것을 찾으러 하나님께 나아가라고 옆구리를 찔러 주는 역할을 해 주는 것이다. 우리에게 월경 주기를 주신 데는 아마 하나님의 은혜가 있을 것이다. 수많은 맛을 느낄 수 있는, 놀라우리만치 복잡한 인체를 우리에게 주신 데는 하나님의 은혜가 있을 것이다. 매일이 바닐라 맛뿐이라면, 매일 똑같은 싸움을 해야 한다면, 우리는 싸울 동력을 잃을 수 있다. 호르몬은 우리에게 상존(常存)하는 비뚤어진 욕구의 몸집을 불려 줄 수 있으며, 그래서 우리는 그 욕구들을 좀 더 선명히 볼 기회를 얻는다. 성경 교사 낸시 드모스 월거

무스(Nancy DeMoss Wolgemuth)의 말을 빌리자면, "하나님을 필요로 하게 만드는 것이라면 무엇이든 다 축복이다." 심지어 PMS라 해도.

▌골칫거리가 아니라 기회

> 너희가 서로 거짓말을 하지 말라. 옛 사람과 그 행위를 벗어 버리고 새 사람을 입었으니, 이는 자기를 창조하신 이의 형상을 따라 지식에까지 새롭게 하심을 입은 자니라. 거기에는 헬라인이나 유대인이나 할례파나 무할례파나 야만인이나 스구디아인이나 종이나 자유인이 차별이 있을 수 없나니, 오직 그리스도는 만유시요 만유 안에 계시니라.
>
> 골 3:9-11

"호르몬이 이기게 놔두다니 믿을 수가 없어." 며칠간 수치스러운 행동을 한 뒤 월경이 시작되거나, 월경 첫날에 이런저런 문제들이 훨씬 사소해져 보일 때면 가끔 이렇게 혼잣말을 한다. 우리는 간혹 'PMS 자아'가 마치 침착하고 합리적인 내 '진짜' 자아와 구별되는 것인 양 생각하기 쉽다.

하지만 성경은 진정한 싸움은 사실상 우리의 '호르몬

자아'와 '진짜 자아' 사이에서 벌어지는 게 아님을 일깨워 준다. 진짜 싸움은 우리의 새 자아와 이 땅에 속한 본성 사이의 싸움이다. 에스트로겐 수준이 아주 높을 때든 프로게스테론 수준이 급감할 때든 마찬가지다. 이는 우리가 우리 몸을 상대로 싸움을 벌인다는 말이 아니다. 바울은 육체적인 것이 아니라 영적인 것에 관해 말한다(비록 이 둘이 아주 깔끔하게 구별되지는 않지만). 우리가 기억해야 할 중요한 점은, 우리의 새 자아가 이제 우리의 참 자아라는 것이다. 새 자아가 바로 우리 자신이고 우리가 원하는 우리 자신이다. 그렇다, 우리는 여전히 불순종으로 유혹하는 이 땅의 본성을 가지고 살고 있다. 그렇다, 우리는 여전히 호르몬의 등에 올라탄 채 줄곧 죄로 치닫기 좋아하는 타락한 본성과 싸우고 있다. 그럼에도 우리는 "[우리]를 창조하신 이의 형상을 따라…새롭게 하심을 입은 자"들이다(10절).

골로새서 3장에서 바울의 중요 주제는 교회의 일치지 PMS 다루기가 아니다. 그럴지라도, 하나님이 우리를 더욱더 자신을 닮은 존재로 만들기 위해 일하시는 분임을 알면 적어도 두 가지 면에서 격려가 될 수 있다.

첫째, 어떤 호르몬은 죄와의 싸움을 더 힘들게 만들 수도 있지만, 이는 죄가 반드시 이기리라는 뜻이 아니다.

성령의 능력으로 우리는 죄 짓지 **않을** 자유가 있다. 화가 날 때 큰 소리로 이를 쏟아붓지 않고 눌러 참을 때마다, 나의 염려를 기도로 하나님 앞에 아뢰기로 마음먹을 때마다, 부루퉁하기보다 심호흡 한 번 하고 상냥하게 말하기로 할 때마다, 이는 승리다. 그런 순간마다 여러분은 조금 더 그리스도를 닮아 가는 것이다. 그러므로 용기를 내라! 싸움이 격렬할수록 승리는 더 달콤하고 그리스도 닮는 쪽으로 더 크게 변화할 수 있다. 그것이 바로 PMS를 겪는 날들이 단순히 부수적 피해를 가능한 한 최소화하며 헤쳐 나가야 할 골칫거리가 아니라 싸워서 이기고 변화할 수 있는 기회인 이유다.

둘째, 우리는 새로워지고 **있는 중**이다. 우리는 나아지고 있는 작품이다. 우리는 아직 그곳에 이르지 못했다. 그러므로 싸움에 졌다고 상심할 필요가 없다. "그리스도는 만유시요 만유 안에 계시니라"(11절). 이 사실이 우리에게 바울의 그다음 명령을 이행할 수 있는 힘을 준다.

▍나를(그리고 다른 모두를) 용납하라

그러므로 너희는 하나님이 택하사 거룩하고 사랑받는 자처럼 긍휼과 자비와 겸손과 온유와 오래 참음을 옷 입고, 누가 누구에게 불만이 있거든 서로 용납하여 피차 용서하되 주께서 너희를 용서하신 것같이 너희도 그리하고, 이 모든 것 위에 사랑을 더하라. 이는 온전하게 매는 띠니라.

골 3:12-14

나와 함께 살던 친구는 호르몬 관련 불안감 때문에 정서적으로 유독 긴장해 있다가 며칠 후 이렇게 말할 때가 있었다. "나를 참아 줘서 고마워." 친구의 그 말은 유용한 경구로 내게 각인되었다. 이는 기분이 가라앉은 모습을 보인 것을 사과한다는 말이 아니었다. 그런 것에 대해서는 사과할 필요가 없었으니 말이다. 2장에서 살펴본 것처럼, 약하다고 해서 멸시받아서는 안 된다. 육체적 허약함이든 정서적 허약함이든, 우리 인간의 허약함은 누구에게 사과할 일이 아니다. 허약함은 용서할 일이 아니기 때문이다. 슬픔은 정당한 아이스크림 맛이다. 우리는 인간이고, 산다는 건 힘든 일이고, 모든 날이 다 바닐라 맛은 아니다…. 그건 얼마든지 이해할 수 있는 일이다.

친구의 말이 유용한 경구인 이유는, 이 말이 우리의 약함을… 말하자면, 참아 줄 필요가 있음을 인정하는 말이기 때문이다. 약함은 타인에게 영향을 끼친다. 그래서 바울은 우리에게 말한다. "서로 용납하[라]." 상냥하게 말하라. 친절히 대하라. 내게 자격이 있다는 생각에 고삐를 채우라. 누구든 다른 사람의 호르몬과 더불어 사는 사람에게는 바로 이것이 요구된다. 좀 재미있는 방식으로 생각하자면, 그리스도를 닮는다는 것은 언제나 기쁨이기에 친구를 참아 주는 건 기쁜 일이었다(물론, 내 차례가 되어 친구가 나를 참아 주어야 하는 날도 있었다). 때로 내가 다른 사람에게 짐이 된다고 느껴지면 우리는 자책한다. 하지만 다른 어떤 사람이 내 약함을 참아 줄 때, 하나님은 내 약함을 그 사람이 그리스도의 형상을 받아들일 기회로 활용하고자 하실 수도 있다.

때로 우리는 약함을 죄와 혼동한다. 때로 우리는 약함을 핑계로 죄를 변명한다. 사실 우리는 죄를 약함과 뒤섞는 방식으로 행동할 때가 많다. 죄와 약함은 서로 뒤엉켜 있어서 풀기가 매우 어렵다. 그리고 우리는 자신의 약함에 죄 된 방식으로 대응하는 경향이 있다. 그래서 13절 상반절뿐만 아니라 하반절 말씀이 필요할 때가 있다. "누가 누구에게 불만이 있거든 서로 용납하여 피차 용서하되 주께서 너희를 용서하신 것같이 너희도 그리하고." 무언가를 잘못했을 때는 예수님이 우리의 연약함을 감당하시고 우리 죄를 용서하신다는 것을 알고 그냥 예수님께 나아갈 수 있다. 무엇이 죄고 무엇이 연약함인지 가려내기 힘들다 해도 괜찮다. 이런 유형의 겸손이 있으면 자신의 연약함에 대해 다른 이들에게 거리낌 없이 도움을 청할 수 있고 자기 죄에 대해 용서를 구할 수 있다.

한 달 30일 내내

이 장을 시작하면서 개인적으로 힘을 북돋아 주시기를 성령께 구하라고 제안했는데, 이제 마치면서도 같은 말을 해야 할 것 같다. 다음 질문을 생각해 보라. 한 달을 지내는 동안 일반적으로 어떤 '맛'을 경험하는가? 좋은 맛인가, 나쁜 맛인가? 이는 주변 사람들에게 어떻게 영향을 끼치는가? 하나님과 다른 사람들에게 회개해야 할 일이 있지는 않은가? 하나님과 다른 사람들에게 도움을 받아야 할 일이 있지는 않은가? 땅에 속한 본성과 싸울 때 어느 부분에서 승리를 확인하는가? 어느 지점에서 싸움이 가장 격렬한가? 하나님은 어떤 식으로 우리에게 성장을 요구하실까? 우리 자신의 유익을 위해서든 그 사람의 유익을 위해서든, 이 모든 일에 대해 누구와 이야기 나눌 수 있는가?

이 질문들에 무엇이라고 답하든, 그리스도를 믿고 의지한다면 확실히 알 수 있다. 자신이 "하나님이 택하사 거룩하고 사랑받는 자"(12절) 중의 한 사람이라는 것을 말이다. 기분이 가라앉는 날, 마음속을 들여다보며 자기애(self-love)를 어느 정도 끌어올릴 책임은 우리 자신에게 있지 않다. 내가 나 자신을 사랑할 필요가 없다. 우리는 우리 자신 밖에 있는 다른 분께 귀히 사랑받고 있다. 다른 어떤 세계관도 진실로 그런 사랑을 제시하지 못한다.

그리고 궁극적으로 그것이 바로 우리에게 다른 사람을 사랑할 수 있는 능력을 준다(14절). 그것이 바로 우리에게 힘을 주어, 날마다 잠자리에서 일어나 긍휼과 자비와 겸손과 온유와 오래 참음으로 옷 입을 수 있게 해 준다. 매달 하루하루, 생애의 한 달 한 달, 그리스도가 다시 오시고 우리가 영광 중에 그분과 함께 나타날 때까지.

5장

아주 짧은 시간

자궁은 진기한 시계다.

    시간을 표시하는 다른 모든 방식, 이를테면 해, 달, 별, 스마트 워치 같은 것들은 우리 몸에서 떨어져 있다. 하지만 자궁은 우리의 일부다. 말 그대로 우리 몸에 내장되어 있다. 매번 새로 찾아오는 월경과 함께 또 한 달이 지나간다. 월경이 놀라움으로 찾아오든, 안도감과 함께 찾아오든, 아니면 참담한 실망으로 다가오든, 월경 '첫날'은 여전히 새로운 종류의 시작이다. 그날 우리는 신체 내부 생명 주기의 정점에 이른다. 그리고 뒤이어 그 주기가 다시 시작된다.

    그 주기가 멈출 때까지는… 그렇다.

그게 문제다. 우리의 자궁은 단순히 한 달 또 한 달의 시간만 표시하지 않는다. 자궁은 인생의 시기를 표시하기도 한다. 자궁은 여자아이 시기에서 성인 여성 시기, 그리고 우리가 어떤 품격 있는 용어로 부르든 그다음 시기로의 생생한 전환을 제공한다. 이 시기에 도달한 사람은 이제 여성성을 잃는 것이 분명하지만, 그럼에도 이것이 '변화'라고 할 수 있을 만큼 의미 있는 전환임은 확실하다.

이 책을 읽고 있는 여성들 대부분은 자신의 초경을 기억할 테지만, 마지막 월경이 어떠할지 아는 사람은 별로 없을 것이다. 나처럼 전자에 속한다면, 폐경(이 장에서는 맥락에 따라 'menopause'를 '완경'이 아닌 '폐경'으로 옮겼다-옮긴이)을 어떻게 예상해야 할지 실제로는 전혀 모를 가능성이 높다(틀림없을 것이다). 사실 우리 문화는 폐경에 관해 뻔한 농담과 고정관념만 논할 뿐 그 이상은 이야기하기 싫어하며, 초경과는 달리 중년 여성이 듣다가 기절할 만한 성교육 강의도 없다.

기술적으로 말하면, '폐경'은 마지막 월경을 한 지 열두 달이 지난 날 하루를 가리킨다. 영국과 미국에서 폐경을 맞는 평균 나이는 51세지만, 이 책의 다른 모든 숫자들과 마찬가지로 이 또한 개인차가 매우 크다. (40세 전의 폐경은 '조기 폐경'이라고 한다. 조기 폐경의 원인은 알려지지 않은 경우가 많지만, 암 치료 중이라든지 자궁 절제 수술을 받았다든지 하는 의학적 간섭이 조기 폐경을 유발하기도 한다.) 폐경일 전에 나타나는 증상들은 '폐경 전 증후군'(peri-menopause)이라고 하며, 그날 이후 나타나는 증상들은 '폐경 후 증후군'(post-menopause)이라고 한다. 하지만 일반적으로는 한 여성이 이런 증상들을 겪는 시기 전체를 아울러 '폐경기'라는 표현을 사용한다. 이 시기는 평균 4년간 지속되지만, 무려 12년 동안이나 이어질 수도 있다.

폐경기 증상에 관한 한, 우리 문화는 우스갯말 하기를 좋아한다. 안면 홍조, 한밤중에 땀이 쏟아지는 것, 털이 나지 말아야 할 곳에 털이 자라는 것 등이 웃음거리가 된다. 교회가 별로 화제로 삼고 싶어 하지 않는 문제도 있는데, 바로 질 건조와 성욕 감퇴다. 콕 집어 말하기 어려운 문제들도 있다. 머릿속이 멍해서 기분이 썩 좋지 않고, 기분이 이랬다저랬다 널뛰기를 하고 짜증이 난다("생각해 보니 5년 동안 화가 나 있었던 것 같다"고 내 동료는 지난 시간을 돌아보며 말했다).

폐경기를 겪는 여성들은 폐경과 관련된 감정들이 인생의 이 단계에 흔히 생기는 모든 일에 어떤 영향을 끼치는지에 관해서도 말한다. 자녀의 독립으로 집안이 텅 비면서 자신의 정체성에 고민이 생긴다든지, 머리숱이 줄어드니 여성성이 사라지는 것 같고 그 때문에 두려워진다든지, 가임기가 끝나서, 혹은 아직 출산을 해 보지도 못했는데 이제 아기를 낳고 싶어도 낳을 수 없어서 슬프다든지 하는 게 바로 그런 감정들이다. 캐슬린 닐슨(Kathleen Nielson)은 자신의 책에서 한 비혼 친구와의 대화를 소개한다. 친구는 "한 번도 누려 본 적 없는 좋은 것들에 대해 대가를 치르는" 기분이었다고 한다. "신체 기관뿐만 아니라 꿈까지 폐쇄된 느낌"이라고 말이다.°

여성들 중에 증상도 거의 없고 감정의 소용돌이도 별로 없이 폐경기를 지나는 이들이 있다는 점을 기억해 둘 만하다. 이제 월경을 안 한다고 생각하니 오히려 엄청난 자유와 안도감을 느낀다고 말하는 이들이 많다. 하지만 어떤 여성들에게 폐경은 너무 큰 시련이어서, 오히려 매달 월경을 하는 게 공원 산책만큼 수월해 보인다.

지금 폐경기 한가운데를 지나는 중이라면, 자궁을 시

° 캐슬린 닐슨, 『여성과 하나님』(*Women and God*), p. 109.

계라 말하는 게 지나치게 우아한 표현으로 여겨질지 모른다. 실제로는 톱니가 갈리고, 갈리다가 멈춘다. 그리고 우리는 여자들이 가혹한 일을 겪는다고 느낀다.

하지만 다른 시선으로 이 상황을 본다면 어떨까? 소설가 자디 스미스(Zadie Smith)는 인도판 「엘르」(*Elle*)에서 이 문제를 이렇게 본다.

"흔히들 시간은 특히 여자의 적이라고 생각한다. 여자들은 잃을 것이 많기 때문이라고 말이다. 여자들은 시간의 흐름과 함께 '용모', 생식 능력, 문화 자본을 잃는다.…하지만 이 문제를 보는 다른 시선도 있다. 여자들에게는 몸에 내장된 시계가 있다는 것이다. 이 시계는 주로 '생물학적 시계'와 폐경으로, 언젠가는 주의를 기울여야 할 징후, 궁극적으로는 무시하기 불가능한 징후이며, 내가 보기에는 적어도 저주이기도 하고 그에 못지않은 선물이기도 하다.…그 두려운 '생물학적 시계'가 없다면, 폐경이 없다면, 문화 속에서 자기 모습을 비춰 주는 정직한 거울이 별로 없다면, 무엇이 혹은 누가 인간에게 나이 들었음을 알려 주겠는가?…

사실…나이는 우리 모두를 위해 존재한다. 믿든 안 믿든 나이는 우리에게 다가온다. 이제 나는 이 단순한 인간적 진실을 날마다 일깨워 주는 몸 안에 내가 존재한다는 사실에 매우 감사한다. 이는 나이가 내게 슬픔을 안겨 주지 않는다는 말이 아니다. 다만 나는 스물일곱 살의 나를 이따금 애도하지 않으며 어느 한 시절의 내 얼굴이나 가슴이나 다리 혹은 치아를 그리워하지도 않는다는 뜻이다.…[그러나] 전반적으로 생각해 볼 때 미망에 빠지는 것보다는 슬픈 것이 차라리 낫다."

「엘르 인디아」(Elle India), 2018년 6월호

자디 스미스는 신자가 아니지만, 어떤 면에서 자디의 말은 현대판 전도서 설교자의 말처럼 들린다. "모든 사람에게 임하는 그 모든 것이 일반이라.…시기와 기회는 그들 모두에게 임함이니라"(전 9:2, 11). 자디의 말은 모세가 한 말의 반향이다. "우리에게 우리 날 계수함을 가르치사 지혜로운 마음을 얻게 하소서"(시 90:12).

우리가 종종 회피하는 진실, 곧 우리는 다 나이 든다는 진실을 말해 준다는 측면에서 우리의 시계는 축복이다. 좀 더 핵심을 찔러 말하자면, 우리는 다 죽어 가고 있다. 우리의 자궁이 먼저 문을 닫을 수 있지만, 언젠가는 우리

의 몸도 그럴 것이다. 마치 각 사람의 수명이 담긴 모래시계가 뒤집혀 있고, 월경과 폐경은 모래가 빠져나가고 있다고 우리에게 일깨워 주는 것 같다.

자디 스미스는 미망(迷妄)에 빠져 현실을 보지 못하는 것보다 슬픈 것이 차라리 낫다고 말한다. 하지만 우리가 선택할 수 있는 것이 그 두 가지만은 아니라면 어떻겠는가? 여러분의 시계가 새로워진 목적의식, 꿈, 희망을 줄 수 있는 방식이 있다면 어떻겠는가?

성경을 보면 그 방식을 찾을 수 있다.

▍우리는 질그릇이며, 그래도 괜찮다

어떤 이유에서든 자신의 한계 때문에 당혹스럽거나 의기소침해지거나 고민이 된다 해도, 여러분만 그런 것은 아니다. 사도 바울은 월경도 안 했고 폐경기도 안 겪었지만, 그럼에도 압박감과 슬픔, 육체의 낡음이 어떤 것인지 확실히 알고 있었다. 심지어 바울은 우리 몸으로 체험하는 인생이 어떤 느낌인지에 대해 성경에서 가장 정신이 번쩍 들게 하는 말을 만들어 냈다. 즉, 우리는 "질그릇"으로서, 덧없고 깨지기 쉽다(고후 4:7).

이 표현은 바울이 고린도 교인들에게 보내는 두 번째 편지에 등장하는데, 이 편지는 참된 복음으로 돌아오라고, 참된 사도인 바울에 대한 충성을 회복하라고 고린도 교회에 걱정적으로 호소한다. 고린도후서 4장에서 바울은 자신의 사역이 육체적으로, 정서적으로 어떤 대가를 치렀는지를 밝힌다. 바울은 "욱여쌈을 당[했고]", "답답한 일을 당[했고]", "박해를 받[았고]", "거꾸러뜨림을 당[했다]"(8-9절). 바울은 곤경에 처했고, 괴롭힘을 당했고, 쫓겨 다녔고, 짓눌렸다.° 얼마나 어려움이 심했는지 "사망은…[내] 안에서 역사[한다]"고 말할 정도다(12절). 바울은 날마다 모래가 빠져나가는 것을 느낀다. 자신의 생물학적 시계가 똑딱거리는 소리를 듣는 여자처럼, 바울은 자신의 몸이 소진되어 간다는 것을 알고 있다. 그것이 "질그릇"(7절) 인생의 현실이다.

하지만 바울은 포기할 태세가 아니다. 바울은 "사방으로 욱여쌈을 당하여도 싸이지 아니하며 답답한 일을 당하여도 낙심하지 아니하며 박해를 받아도 버린 바 되지 아니

  ° 폴 바네트, 『고린도후서』(*The Message of 2 Corinthians*), p. 171.

하며 거꾸러뜨림을 당하여도 망하지 아니[한다]"(8-9절). 사망이 바울의 몸 안에서 역사해도 "예수의 생명" 또한 그 몸에 나타나고 있다(10절). 이는 슬픔보다는 기쁨이, 미망보다는 단호한 결단이 있다는 뜻이다. 그래서 뒤에 이어지는 구절에서 바울은 세 가지를 행하기로 결심한다. 우리도 그와 같이 결심할 수 있다.

▍우리는 말한다

기록된바 '내가 믿었으므로 말하였다' 한 것같이 우리가 같은 믿음의 마음을 가졌으니, 우리도 믿었으므로 또한 말하노라. 주 예수를 다시 살리신 이가 예수와 함께 우리도 다시 살리사 너희와 함께 그 앞에 서게 하실 줄을 아노라. 이는 모든 것이 너희를 위함이니, 많은 사람의 감사로 말미암아 은혜가 더하여 넘쳐서 하나님께 영광을 돌리게 하려 함이라.

고후 4:13-15

섬김의 일을 하면서 치르는 육체적 대가에도 불구하고 바울은 여전히 예수에 대해 이야기한다. 바울은 이생 후에 또 한 생이 있다고 믿고(14절), 고린도 교인들이 이에 대해

들을 필요가 있다고 믿으며(15절 상), 바울의 간절한 바람은 하나님이 영광을 받으시는 것이다(15절 하).

그래서 바울은 말한다. 자신의 목표는 "많은 사람의 감사로 말미암아 은혜가 더하여 넘쳐서 하나님께 영광을 돌리[는]" 것이라고(15절). 더욱더 많은 사람들이 하나님께 더욱더 큰 찬양과 영광을 돌리는 것, 이는 복음에 대한 방대한 꿈이다.

1장에서 우리는 하나님이 인류에게 "생육하고 번성하여 땅에 충만하라, 땅을 정복하라"(창 1:28)는 사명을 주신 것에 관해 생각해 보았다. **가서 아기를 낳으라**, 하나님은 그렇게 말씀하셨다. 이는 방대한 꿈이었다. 하나님의 형상을 지닌 더욱더 많은 사람들이 하나님께 더욱더 큰 찬양과 영광을 돌리는 것 말이다.

옛 언약 아래서 하나님의 백성은 주로 자녀 출산을 통해 수를 불렸다. 구약 시대가 전개되면서 우리는 이들이 아이를 낳지 못하던 한 부부 아브람과 사래를 통해 고대 근동 나라들의 부러움을 사는 한 민족으로(비교적 짧은 기간 동안이었지만-왕상 10장) 커 가는 것을 보게 된다.

구약 시대에 월경이 그렇게 부정적인 관점에서 인식된 부분적 이유를 바로 여기에서 찾을 수 있다. 하나님의 약속이 주로 자녀 출산을 통해 실현되어야 하므로, 월경을 하는 달, 즉 임신이 되지 않은 달은 하나님이 주신 사명이 진전되지 않은 달이었다. 그리고 하나님이 악을 최종적으로 물리치시는 일은 한 여자의 "후손", 즉 이 여자의 태에서 나올 아이가 이룰 일이었기에(창 3:15), 월경을 한다는 것은 메시아의 도래를 한 달 더 기다려야 한다는 뜻이었다. 그리고 폐경은 하나님의 목적을 이루는 일에서 여자가 하는 역할에 일종의 경계선을 그어 주었다. 두 아들이 다 죽고 난 후 폐경을 맞았을 때 나오미의 심정이 어땠을까?(룻 1:12) "잉태를 못 하므로…자식이 없[던]", 게다가 누가복음에서 처음 등장할 때 이미 "나이가 많[던]" 엘리사벳의 마음은 또 어땠을까?(눅 1:7) 옛 언약 시대의 이 여자들에게는 개인적 슬픔과 민족 차원의 슬픔이 서로 얽혀 있었다.

하지만 우리가 사는 시대는 구약 시대가 아니며, 새 언약 아래서는 상황이 다르다. 자녀를 낳는 일은 지금도 여전히 큰 선물이긴 하지만, 이제 더는 크게 강조되지 않는다. 창세기 1장에서 하나님이 주신 사명은 예수님이 제자들에게 주신 지상명령에 반영된다. "너희는 가서 모든 민족을 제자로 삼아 아버지와 아들과 성령의 이름으로 세례를 베풀고 내가 너희에게 분부한 모든 것을 가르쳐 지키게 하라"(마 28:19-20). 이는 방대한 꿈이다. 점점 더 많은 사람들이 점점 더 많은 나라에서 그리스도의 제자로 사는 것 말이다. 이 구절은 새 제자들을 세워 복음 전하는 일에 매진하게 하고 사람들을 인도해 예수님을 주님으로 따르겠다고 공개적으로 다짐하기(세례로 상징되는, 19절)에 이르게 하는 것, **그리고** 제자로서의 일을 계속하는 것 두 가지 모두를 포괄한다. 누군가를 "가르쳐" 예수님이 명하신 "모든 것을…지키게" 하는 일은 그 사람이 세례받는 자리에서 끝나지 않으니 말이다.

그러므로 오늘날 하나님의 백성인 우리에게는 이것이 세상에 생명을 주는 주된 방법이다. 즉, 자녀를 낳는 게 아니라 제자를 삼는 것이다. 아니, 자녀를 낳으라는 명령은 그보다 더 큰 사명의 한 부분이다. 자녀의 복을 받은 우리는 이 자녀들에게 복음의 본을 보이고 복음을 가르쳐야 하며, 이것이 가서 제자를 삼으라는 부름에 순종하는 한 방법이다.

이를 믿는다면 우리는 말할 것이다(고후 4:13). 말을 하는 것이 제자를 삼는 방법이기 때문이다.

말을 한다는 것은 예수님에 대해 이야기하거나, 성경

을 펼치거나, 서로를 향해 그분을 찬양하는 노래를 부르는 것이다. 교회에서나 저녁 식탁에서 자녀들을 가르치는 것도 말하는 것이고, 상처 입은 친구의 마음을 달래 주려 질문을 하는 것도 말하는 것이다. 성경을 함께 읽자고 사람들을 청하거나 메시지를 보내 교회에 갈 마음이 있는지 확인하는 것도 말하는 것이다. 성경 공부 때 힘이 되었던 구절을 함께 나누는 것, 일요일에 모여 한 주간의 삶에 대해 격의 없이 이야기하면서 하나님의 선함을 찬양하는 것도 말하는 것이다. 함께 기도하고 서로를 위해 기도하는 것도 말하는 것이다. 그리스도의 나라가 확장되기를, 그리스도의 백성이 성숙하기를 간구하는 것도 말하는 것이다.

우리는 믿는다, 그러므로 우리는 말한다.

시계가 똑딱거리는 동안에도 우리는 그렇게 한다. "사망은 우리 안에서 역사[한다]"고, 그러나 "생명은 너희 안에서 역사[한다]"(고후 4:12)고 바울은 고린도 교인들에게 말한다. 마치 바울이 복음을 위해 자기 자신을 쏟아부으면서 모래시계에서 모래가 더 빨리 빠져나가게 하는 것 같다. 사명은 끝이 없다. 그리고 하루하루 시간이 간다.

월경이 이제 더는 하나님의 구속 목적에 전과 동일한 의미를 갖지는 않지만, 한 친구가 내게 지적한 것처럼 자기를 돌아보는 원인은 될 수 있을 것이다. 이번 달에 나는 어떤 식으로 제자 삼기 활동을 했는가? 어느 부분에서 영적 생명에 자양분을 주었는가? 세상에 새로운 영적 생명을 안기는 일에 한 역할을 했는가?

어쩌면 우리는 구약 시대 이스라엘 여자들에게서, 그리고 오늘날의 많은 여성들에게서 무언가를 배워야 할지 모른다. 자녀를 고대한 여자들, 그래서 매달 월경 때마다 비탄에 빠지는 심정이 어떤지 아는 여자들에게서 말이다. 내게는 이 점이 도전이 된다. 나는 제자를 삼으라는 부름에 **그렇게** 정서적으로 나를 바쳤는가? 제자 삼기를 **그렇게** 간절히 바랐는가? 하나님 나라의 확장을 위해 **그렇게** 열심이었는가? 마땅히 그랬어야 한다. 하지만 그러지 못할 때가 많다.

나는 영적으로 결실 맺지 못한 것을 애통해하는 법을 배울 필요가 있다. 어쩌면 여러분도 그럴 것이다. 그리고 어쩌면, 월경은 매달 그 점을 새롭게 상기시켜 주는 역할을 할 수 있다. 우리는 월경 첫날을 우리의 우선순위를 점검하고 지상명령에 자신을 재헌신하는 시간으로 삼을 수 있다. 예수님에 대해 말하고자 하는 마음을 위해, 예수님에 대해 말할 수 있는 기회를 위해 더 간절히 기도하는 시간, 그분이 주신 사명을 위해 매달 매 순간을 소중히 여기기로 다짐하는 시간으로 말이다. "우리도 믿었으므로 또한 말하노라"(13절).

▍우리는 보이지 않는 것을 기억한다

그러므로 우리가 낙심하지 아니하노니, 우리의 겉사람은 낡아지나 우리의 속사람은 날로 새로워지도다. 우리가 잠시 받는 환난의 경한 것이 지극히 크고 영원한 영광의 중한 것을 우리에게 이루게 함이니, 우리가 주목하는 것은 보이는 것이 아니요 보이지 않는 것이니, 보이는 것은 잠깐이요 보이지 않는 것은 영원함이라.

고후 4:16-18

클레어(Clare)에게 폐경에 관해 묻자 이렇게 대답한다.

"폐경에 관한 한 무엇을 예상해야 할지 알고 있다고 생각했어요. 정확히 말하자면, 잘 알고 있어서 안심이었죠. 그런데 한밤중에 땀이 나기 시작했어요. 몇 주 동안은 그냥 짜증이 나는 정도였죠. 그러다가 마치 눈사태라도 난 것처럼 땀이 쏟아지더군요. 정말 심한 날 밤에는 온몸이 찌는 듯해서 자다가 열두 번도 더 깼어요. 잠을 못 자니 예상했던 결과가 나타났죠. 머리가 멍하고, 유머 감각은 온데간데없어지고, 가장 가깝고 소중한 사람들한테 쏘아붙이듯 말하게 되다 보니 허구한 날 미리 양해를 구하고 다녔어요."

클레어는 자신의 '겉사람이 낡아진다'(16절)고 굳이 입으로 말할 필요가 없었다. 눈으로 이를 볼 수 있고 몸으로 느낄 수 있었다. 하지만 바울은 우리가 나이 들어 갈 때 거울로 볼 수 없는 다른 무언가가 진행되고 있다고 말한다. 즉, 우리는 "날로 새로워지[고 있다]"(16절). 우리가 말함으로써 다른 사람 안에 일구어 주고자 하는 바로 그 영적 생명이 우리 자신 안에서 새로워지고 있는 것이다. 우리가 이 땅에서 지니는 몸은 덧없는 몸이지만, 우리의 성품에 하나님이 하시는 일은 영원하다. 우리가 이 땅에서 지니는 몸은 우리에게 근심을 안기지만, 언젠가 우리는 하나님의 영광으로 영원히 들어가게 될 것이다.

   이는 눈으로 볼 수 있는 것, 즉 젊음과 아름다움을 가치 있게 여기는 문화에 사는 우리가 놓치지 말아야 할 중요한 사실이다. 노화는 대개 아주 점차적으로 일어난다.

머리카락은 한 번에 한 가닥씩 희어진다. 하지만 폐경이 우리의 일상을 그렇게나 엉망으로 만드는 한 가지 이유는, 우리가 이것을 마지막인 것처럼 여기기 때문이다. 폐경으로 이제 끝이라고 생각하는 것이다. 우리는 폐경이 **늙어 가고 있다**는 부인할 수 없고 무시할 수 없는 육체의 선언이라고 생각한다. 우리 문화는 늙는 것은 나쁘다고 말한다. 아마 여자의 경우에는 특히 더 말이다. 할리우드 영화 2천 개의 대본에 등장하는 대화를 분석해 보니, 22세에서 31세 사이 남자 배우와 여자 배우는 각각 2,800만 단어와 2,800만 단어로 대화했다. 그런데 42세에서 65세 사이 남자 배우와 여자 배우는 각각 5,500만 단어와 1,100만 단어를 사용했다.° 평범한 영국인 여성이 외모를 가꾸는 데 평생 7만 파운드(1억 1,150만 원)가량을 쓴다는 것은 놀랍지도 않다.

그러나 예수님에 관해 말하고 예수님을 섬기는 일에 관한 한, 나이도 성별도 여러분에게 불리하지 않다. 성경의 관점에서, 나이 드는 것, 그리고 물론 **늙어 보이는 것**이

° 『버자이너』, p. 180.

꼭 나쁜 일만은 아니다. 사실 디도서 2장에서는 우리가 성숙하면 제자 삼을 기회가 줄어드는 게 아니라 오히려 **늘어난다**고 말한다. 우리가 "늙은 여자"가 되면 모든 교회 공동체의 "젊은 여자들"을 가르치는 데 결정적인 역할을 하게 되니 말이다. 바울은 비교적 젊은 나이의 교회 지도자 디도에게 이렇게 촉구한다.

> 늙은 여자로는 이와 같이 행실이 거룩하며 모함하지 말며 많은 술의 종이 되지 아니하며 선한 것을 가르치는 자들이 되고 그들로 젊은 여자들을 교훈하되 그 남편과 자녀를 사랑하며 신중하며 순전하며 집안일을 하며 선하며 자기 남편에게 복종하게 하라. 이는 하나님의 말씀이 비방을 받지 않게 하려 함이라.
>
> 딛 2:3-5

나이가 몇 살이든 우리는 누군가에게는 늘 더 나이 많은 여자일 수 있지만, 여기서 바울은 세대와 관련된 무언가를 염두에 두고 있는 것 같다. 그래서 삶의 다양한 변화 때문에 이제 자신의 위치가 어디인지 궁금해진 단계에 있다면, 바울은 그런 우리를 안심시킨다. **우리보다 젊은 여자 옆,**

여기 있는 게 옳다. 이는 목회자 디도가 직접 해 줄 수 없는 일이다. 디도에게는 여러분이 필요하다. 젊은 여자들에게는 여러분이 필요하다. 우리가 나이 들수록 우리 주변에는 우리보다 젊은 여자들이 많아질 것이며, 우리가 이들에게 전해 주어야 할 지혜도 많아질 것이다. 이는 우리가 중년을 향해 가서 중년기를 통과할 때도 우리의 영적 생식력이 계속 증가할 수 있다는 의미다.

우리의 시계가 우리 안에서 움직이면서 우리를 인생의 한 계절에서 그다음 계절로 이동시킬 때면, 시간을 잘 사용해야 한다는 점을 떠올리게 된다. 여러분은 폐경을 예상하면서 큰 해방감을 느끼는 사람일 수도 있다. 특정한 짐이나 책임에서 벗어나 인생의 새로운 계절로 접어든다고 생각하며 이를 즐길 수 있다. 멋진 일이다. 앞에서 살펴본 고린도후서 4장의 구절들은 인생의 새로운 계절에 접어들 때 정말로 중요한 일들을 소중히 여길 수 있도록 우리를 일깨워 준다.

혹 여러분은 그렇지 않은 사람일 수도 있다. 가지지 못한 자녀나 실현되지 않은 꿈을 한탄하며 폐경을 맞는 사람일 수도 있다. 어쩌면 폐경에 관한 글을 읽고 난 뒤, 자녀를 낳고 꿈을 실현할 시간이 점점 소진되고 있다는 생각에 어쩔 줄 몰라 하는 젊은 여성일 수도 있다. 손가락 사이로 모래가 빠져나가는 걸 보면서 속수무책인 느낌일 수도 있다.

여러분이 그런 경우라면 이 말씀을 놓치지 말라. "우리가 주목하는 것은 보이는 것이 아니요 보이지 않는 것이니 보이는 것은 잠깐이요 보이지 않는 것은 영원함이라"(고후 4:18).

자녀들이 다 성장해서 집안이 온통 아이들 사진으로 가득하고 손주들도 계속 태어날 예정인 중년의 친구를 보면, 친구가 지난 30년 동안 이룬 일을 아주 쉽게 '볼' 수 있다. 그렇다, 얼마나 알차게 보낸 세월인가. 이와 대조적으로 내가 지난 30년 동안 수고한 열매는 그다지 확실하게 눈에 보이지 않는 느낌일 수 있다. 내 영적 자녀는 DNA 테스트로 밝혀낼 수 없다. 영적 열매는 저울로 무게를 잴 수 없다. 그렇다고 해서 영적인 결실이 덜 현실적이거나 덜 중요하지는 않다. 누구에게도 어떤 의미 있는 변화를 일으키지 못한 것처럼 보일지라도, 눈에 보이는 것은 사람을 속이는 것일 수 있다. 하나님이 하시는 일은 이생에서는 상당 부분 우리 눈에 보이지 않는다. 바울은 지금 여기 그 너머를 보라고, 그리고 우리의 수고가 어쨌든 "영원한 영광의 중한 것을 우리에게 이루[고]"(17절) 있는 중임을 믿으라고 우리에게 말한다.

어떤 사람이든 그리고 인생의 어느 계절을 맞았든 모두에게 주어진 도전은, 늙어 가는 몸이나 눈으로 '볼' 수 있는 이 땅에서의 상황을 보지 말고 눈에 보이지 않음에도 가장 현실적이며 가장 신뢰할 만한 것, 즉 그리스도의 나라와 그 나라에서 우리의 자리에 날마다 시선을 고정하라는 것이다.

이어지는 구절에서 바울은 그 나라를 또 한 번 일별하게 해 준다.

▎우리는 나아가고자 탄식한다

만일 땅에 있는 우리의 장막 집이 무너지면 하나님께서 지으신 집 곧 손으로 지은 것이 아니요 하늘에 있는 영원한 집이 우리에게 있는 줄 아느니라. 참으로 우리가 여기 있어 탄식하며 하늘로부터 오는 우리 처소로 덧입기를 간절히 사모하노라. 이렇게 입음은 우리가 벗은 자들로 발견되지 않으려 함이라. 참으로 이 장막에 있는 우리가 짐 진 것같이 탄식하는 것은 벗고자 함이 아니요 오히려 덧입고자 함이니 죽을 것이 생명에 삼킨 바 되게 하려 함이라. 곧 이것을 우리에게 이루게 하시고 보증으로 성령을 우리에게 주신 이는 하나님이시니라.

고후 5:1-5

마지막으로, 우리는 탄식한다. 이 책에서 내내 탄식하고 있었던 것 같은 기분이므로, 이제 여기서부터는 끝을 향한 탄식이라고 하는 게 적절하다. 영적 어머니 노릇을 해야 한다는 말도 아마 약간의 탄식을 자아냈을 것이다. 탄식은 일과 육아와 나이 드신 부모님을 돌보는 일 등으로 이미 기운이 다 빠져나갔고 사방에서 압박을 받는 기분일 때 우리가 해야 할 또 하나의 일이기도 하다. 여러분은 어쩌면 숙면을 취하지 못해 어려움을 겪는 중일 수도 있고 걸핏하면 열이 오르며 얼굴이 붉어지는 탓에 괴롭고 지친 기분일 수도 있다. 그렇다, 우리는 탄식한다. 노화하는 몸으로 산다는 것은 우리가 무력하다는 뜻이다.

하지만 바울의 탄식이 어디를 향하는지 주의해서 보라. "우리가 여기 있어 탄식하며 하늘로부터 오는 우리 처소로 덧입기를 간절히 사모하노라"(2절). 이 탄식은 날씬하고 유연하고 매력적이었던 과거의 몸으로 돌아가고 싶어서 하는 탄식이 아니다. 이 탄식은 "하늘로부터 오는 우리 처소"를 향해 나아가고 싶어서 하는 탄식이다.

우리가 지금은 장막 같은 몸에 거하지만(1절), 언젠가 우리에게는 모든 면에서 완전하게 지어진 집 같은 부활체가 주어질 것이다. 그 몸은 영구하고, 안전하고, 흔들리지 않고, 노화되지 않아, 수치스럽거나 창피할 것이 전혀 없는 몸이다(3절). 영원 세상은 영혼처럼 육체 없이 떠다니는 현존이 아닐 것이다. 우리는 지금 입고 있는 몸에 못지않게 현실적인, 그러나 이 몸보다 훨씬 훌륭한 몸을 입고 부활할 것이다. 이 둘을 비교하는 것은 집과 장막을 비교하는 것과 같다.

순회 사역에 따르는 위험을 마주할 때 바울에게 큰 확신을 주는 것이 바로 이런 전망이다. "만일 땅에 있는 우리의 장막 집이 무너지면…하늘에 있는 영원한 집이 우리에게 있는 줄 아느니라"(1절). 이 전망은 나이가 들며 서서히 노쇠해 가는 현실을 마주하는 우리에게도 확신을 줄 수 있다. (어쩌면 바로 그 순회 사역의 위험을 마주할지도 모른다. 먼 선교지로 향하기에는 너무 늦은 나이라고 누가 말하는가? 그대도 할 수 있다, 자매여.) 어느 날엔가는 "죽을 것이 생명에 삼킨 바" 될 것이다(4절). 그날은 바라고, 힘쓰고, 탄식할 만한 가치가 있는 날이다.

우리 안의 시계는 우리가 장막에 살고 있음을, 그리고 어느 날 이 장막이 거둬지리라는 것을 우리에게 일깨워 준다. 하지만 우리 안에는 이 시계 말고 다른 어떤 것도 있다. 아니, 어떤 것이라기보다는 어떤 **존재**다. 바로 "우리에게 이루게 하시고 보증으로 [주시는] 성령"이다(5절). 바울의 논리인즉, 하나님이 성령을 우리에게 이미 주셨기에, 하나님이 우리에게 약속하신 다른 복 또한 언젠가는 주시리라고 확신할 수 있다는 것이다. 그 복에는 새롭고 완전하고 영원한 육체적 생명이 포함된다.

시계는 우리가 죽어 가고 있다고 말한다. 성령은 우리가 살아가고 있다고, 언젠가는 **온전히** 살게 될 것이라고 말씀하신다. 우리가 이 두 가지 말을 모두 듣고 있다는 점을 명심하라. 그러면 슬픔과 미망을 피할 수 있다. 자신이 올바른 방향으로 탄식하고 있는지 확인하라. 뒤를 돌아보며 탄식하는 게 아니라 앞을 보면서 탄식해야 한다.

그리고 우리는 모두 하늘에 있는 거처를 바라며 탄식하는 이들로 부름받았기에, 즉 **경건함은 탄식하는 것과 비슷하기에**, 폐경기를 겪고 있는 여성들은 지금 상대적 젊음이나 건강(혹은 남성성)의 혜택을 누리는 우리보다 유리하다고까지 말할 수 있다. 우리가 지금 젊고 건강하다면, 탄식하고 있는 우리 자매들을 동정하고 배려해야 한다는 과제가 주어진다. "이 장막에 있는 우리가 짐 진 것같이 탄식하는 것은"(4절). 바라기는, 이 장을 비롯해 이 책 전체가 주변 여성들이 겪고 있을 수도 있는 일들을 들여다보는 작은 창을 제공했으면 한다. 그 여성들에게 직접 물어보는 게 훨씬 더 나을 수도 있다. 가족 중 누군가가 탄식하고 있으면, 특히 그 사람이 우리가 책임을 져야 할 사람이라면, 시시한 농담이나 무언의 불만이 아니라 그 이상으로 대할 의무가 있다. 귀를 열고 언제든 들어 주려 하고, 이해하고자 하는 마음을 보이고, 필요할 때마다 격려의 말을 해 줄 의무가 있다. 결국 언젠가는 우리 자신도 동정과 격려를 필요로 하는 입장이 될 수 있다.

그리스도인 작가이자 강연가인 멜 레이시(Mel Lacy)는 폐경을 제자도의 문제이자 성화 과정으로 설명했다. 폐경을 주제로 열린 세미나에서 레이시는 이렇게 말했다. "지역 교회에 속한 우리들 입장에서 이는 주변 여성들이 매주, 매달, 매년 겪는 일일 것이므로, 우리는 성경을 믿는 그리스도인으로서 그 여성들의 삶을 향해 **해야 할** 말이 있습니다.···세상에서는 일터의 고용주들이 폐경기의 여성들을 배려하는 측면에서 현실적으로 길을 닦고 있습니다.… 하지만 제 생각에 교회로서 우리는 사실상 이 문제에 관해 아무 말이 없습니다. '모르는 체 무시하고 넘어가는' 그런 종류의 문제인 거죠."° 더 일반적으로 월경에 관해서도 비슷하게 말할 수 있다. 월경은 좀 더 진지하게 다루어야 할 제자도 문제 아닌가?

소중히 여기라

이 책을 본격적으로 쓰기 시작하면서, 나는 연구 목적으로 내 월경 주기를 꾸준히 추적하려는 새로운 시도를 했다. 어떤 책에서 읽은 제안을 따라 나는 그날그날의 기분을 노트에 적어 나가기 시작했다. 월경 주기 1일차에서 시작해, 날짜를 적고 그날 기분이 어땠는지를 한마디로 요약해서 적었다. 다음 날에는 그다음 줄에 같은 방식으로 적었다. 그리고 매번 새 주기가 시작할 때마다 그 옆에다 새 목록을 만들어 나갔다.

° "폐경기 여성과 함께하기"(Walking with Women Through the Menopause), 워드 얼라이브(Word Alive) 2019.

얼마 전 월경 주기 1일차가 시작되었을 때 보니, 노트 한 페이지가 목록으로 가득 차 있었다(사실, 최소한 날짜는 빼먹지 않았는데, 기분이 어떤지 기록하는 것을 깜박하는 바람에 빈 공간이 많았다). 투박한 볼펜 글씨의 감촉을 손가락으로 느끼며 생각해 보니 벌써 네 달이 그렇게 지나갔다. 아무렇게나 휘갈겨 쓴 글씨와 함께 모래시계를 통과해 흘러간 내 인생의 나날들은 절대 되찾을 수 없다. 그 시간들로 내가 한 일이 뭘까? 나는 생각해 보았다. 나는 그 시간들을 잘 사용했는가? 아마 아니었을 것이다. 내가 해낸 일, 치유한 상처, 내가 한 말들을 생각해 보았다. 어쩌면 그 시간들을 그렇게 활용했을 수도 있다.

그러고 나서 나는 다음 페이지를 펼쳐서 맨 위에 날짜를 썼다. 기분: 좋음.

1일차. 새로운 달, 새로운 시작, 예수님을 사랑하고 이웃을 살피고 하나님의 나라를 위해 하루하루를 소중히 여길 수 있는 새로운 기회다.

나가며

오직 피만이

언젠가 텔레비전에서 저예산 세탁 세제 광고를 본 적이 있다. 화면에는 운 나쁘게도 셔츠에 커다란 얼룩이 묻은 한 남자가 등장했고, 해설하는 목소리는 다음과 같이 잘 지워지지 않는 얼룩도 이 세제가 다 해결해 줄 수 있다고 했다. 토마토소스, 레드 와인, 풀물, 피 등….

함께 텔레비전을 보던 사람들은 누구 할 것 없이 웃으며 말했다. "셔츠에 피가 저렇게 많이 묻었다면 세탁이 문제가 아닐 텐데."

하지만 그 세제 회사는 무언가 대단한 것을 발견한 것일지 모른다. 사실 세제를 구매하는 이들의 상당수는 정기적으로 혈흔과 싸움을 벌인다. 만 열 살에서 열두 살 무렵이면 우리 여자들이 아주 재빠르게 체득하는 일종의 은밀한 세탁 의례가 있다. 어머니가 비결을 전수해 주시지 않았는가? 속옷을 가능한 한 빨리 찬물에 헹군 다음, 필요하다면 비누칠을 좀 해서 세탁물 바구니에 넣어 놓고 세탁이 잘 되기를 바라라. 제일 좋은 속옷은 그날에는 입지 마라.

우리는 이것을 너무 잘 알고 있다. 피 **얼룩**. 짐작건대 우리 대부분이 서랍 한가득 가지고 있는 월경용 팬티가 이것을 증명할 것이다.

그래서 사도 요한이 천국 환상을 기록한 부분을 읽을 때면 나도 모르게 짓궂은 미소를 짓게 된다.

> 이 일 후에 내가 보니 각 나라와 족속과 백성과 방언에서 아무도 능히 셀 수 없는 큰 무리가 나와 흰옷을 입고 손에 종려 가지를 들고 보좌 앞과 어린양 앞에 서서…이는 큰 환난에서 나오는 자들인데 어린양의 피에 그 옷을 씻어 희게 하였느니라.
>
> 계 7:9, 14

우리는 욕실 세면대에서 잠옷 바지의 엉덩이 부분을 비벼 빨지만, 기이한 반전으로 이 사람들은 피에 옷을 빨아 **희**

게 만들려 했다. 그 광경을 생각하면 웃음이 난다. 인간적으로 말해서 그건 그냥 말이 안 된다.

하지만 성경에서는 그렇다.

피라는 주제는 우리가 앞서 살펴본 성경의 대표적 사건들을 통해 추적해 볼 수 있다. 창조와 저주의 이야기가 기록된 창세기 1장과 2장을 지나면, 4장에서는 "모든 산 자의 어머니"(3:20)인 하와가 두 아들 가인과 아벨을 출산하는 기쁨을 누린다. "내가 여호와로 말미암아 득남하였다"(4:1)고 하와는 말한다. 하지만 바로 몇 구절 뒤에서 하와는 어쩌면 자식을 둔 어머니가 당할 수 있는 가장 가슴 아픈 일을 경험한다. 두 아들 중 하나가 다른 한 아들을 죽인 것이다. 가인이 들판에서 아벨을 쳐 죽임에 따라, 인류 최초의 가정은 땅에 충만해지는 게 아니라 서로를 죽이는 이들이 된다. 그때 여호와가 가인에게 나타나 말씀하신다. "네가 무엇을 하였느냐? 네 아우의 핏소리가 땅에서부터 내게 호소하느니라"(10절). 아벨이 흘린 피는 죄와 고통과 불의에 대해 말한다. 이 책 3장에서 살펴본 '월경 구절'에 바로 이어지는 레위기 16장에서 우리는 대속죄일(Day of Atonement)에 관한 지침을 보게 된다. 대속죄일은 죄지은 이스라엘 사람들이 희생 제사를 통해 거룩하신 하나님과

화해할 수 있고, 그리하여 '하나'(at-one)가 될 수 있게 하는 연례 행사였다. 제사장은 자기 죄를 위해 수소 한 마리를, 그리고 백성들의 죄를 위해 염소 한 마리를 죽여서 그 피를 언약궤 위와 주변에 뿌렸으며, 그런 뒤 밖으로 나가 제단에 피를 발랐다. 우리는 성막 한가운데 있는 '지성소'를 반짝이는 정결한 곳으로 상상할지 모르지만, 실제로 그곳에는 몇 년치의 피가 뿌려져 있었다(흩뿌린 피를 닦아 내는 것에 관한 지침이 없으므로 그렇게 추측할 수 있다).

속죄에는 많은 피가 필요했다. 이유가 뭘까? 하나님이 "육체의 생명은 피에 있음이라. 내가 이 피를 너희에게 주어 제단에 뿌려 너희의 생명을 위하여 속죄하게 하였나니"(레 17:11)라고 말씀하시기 때문이다. 우리는 심장이 펌프 운동을 하면서 피를 온몸으로 흘려보내고 산소를 순환시켜야 살아 있을 수 있다. 가인이 아벨을 죽인 이래로, 우리는 인간이 피를 너무 많이 흘리면 죽는다는 사실을 알고 있다. 그러므로 피가 구약성경에서 그렇게 중요한 영적 의미를 지니는 것은 놀라운 일이 아니다. 대속죄일에 이스라엘 사람들은 다 알고 있었다. 큰 벌을 받아야 할 사람은 자신인데 염소가 대신 벌을 받는다는 것을. 내 생명 대신 염소의 생명이 바쳐졌다. 내가 피를 흘려야 하는데 염소가 대신 피를 흘렸다. "율법을 따라 거의 모든 물건이 피로써 정결하게 되나니 피 흘림이 없은즉 사함이 없느니라"(히 9:22). 죄는 피로써 씻겨 없어진다. 피가 없으면 얼룩이 남는다.

이어서 신약성경에서 우리는 이 모든 것이 어느 방향을 가리켰는지 알게 된다. 하나님이 가인을 고발하신 말씀은 곧 모든 인간을 고발하신 말씀이다. "그 발은 피 흘리는 데 빠른지라. 파멸과 고생이 그 길에 있어 평강의 길을 알지 못하였고 그들의 눈앞에 하나님을 두려워함이 없느니라 함과 같으니라"(롬 3:15-18).

하지만… "이 예수를 하나님이 그의 피로써 믿음으로 말미암는 화목제물로 세우셨으니"(롬 3:25). 우리가 죽었어야 할 때 예수님이 죽으셨다. 예수님의 생명이 우리의 생명을 대신했고, 예수님의 피가 우리의 피를 대신했다. 그리고 반드시 알아야 할 것은, 십자가에 못 박히셨을 때 예수님이 **정말로 피를 흘리셨다**는 사실이다. 아벨의 피가 죄에 대해 말한다면, 그리스도의 피는 구속에 대해 말한다.

구약 시대에 그랬던 것처럼, 예수님이 획득하신 속죄는 단순히 휴전 상태에 도달하는 게 아니라 그 이상의 의미가 있다. 곧 하나님이 우리로 하여금 자신과 가까워질 수 있게 하신다. 이제 "우리가 예수의 피를 힘입어 성소에 들어갈 담력을 얻었나니…우리가 마음에 뿌림을 받아 악한 양심으로부터 벗어나고 몸은 맑은 물로 씻음을 받았으니 참 마음과 온전한 믿음으로 하나님께 나아가자"(히 10:19, 22). 이것이 바로 지금 우리의 현실이다. 예수님이 문을 활짝 열고 하나님과의 교제 자리로 우리를 반가이 맞아들이신다. 이번에는 영원한 교제다.

성경 마지막에 있는 요한의 환상에 이르면, 이 현실이 어떤 광경인지 희미하게나마 볼 수 있다. 눈에 선한 이 세상의 혼돈 장면 뒤편에서 하나님이 보좌 주위로 무리를 모으신다. 요한계시록 7:9-14에서 요한은 한두 사람도 아니고 3-4천 명도 아니고, "각 나라…에서 아무도 능히 셀 수 없는 큰 무리가 나와"(9절), "어린양의 피에"(14절) 씻은 흠 없는 옷을 입고 하나님의 보좌 앞에 서 있는 것을 본다. 그 옷엔 얼룩도 없고, 변색된 기미도 없고, 덧대서 기운 잿빛 조각도 없다. 이 옷은 다시는 죄로 얼룩지지 않을, 기품 있는 의복이다.

내가 좋아하는 한 오래된 찬송가 가사가 이 장면을 얼마나 아름답고 생생하게 포착하는지 모른다.

> 보혈로 가득한 샘 있네,
>
> 임마누엘의 핏줄에서 퍼 올린.
>
> 죄인이 이 샘에 잠기면
>
> 죄의 얼룩 다 사라지네.
>
> 새찬송가 258장, "샘물과 같은 보혈은"

요한계시록 7장은 오염 없는 연합과 기쁨과 놀라운 축하의 광경이다. 바로 그것을 그리스도가 우리를 위해 성취하셨다. 그 모든 것을 자신의 피로.

피는 말한다. 이 책에서 우리는 지금까지 우리의 월경이 어떻게 저주와 축복에 대해, 탄식과 선물에 대해, 고통과 아름다움에 대해, 아벨과 그리스도에 대해, 죄와 구원에 대해 말하는지 살펴보았다. 어떤 면에서 이는 구속의 날이 이르기까지 우리가 혼란스러운 세상에서 산다는 게 어떤 의미인지를 보여 주는 조화되지 않는 광경이다. 하지만 언젠가는 각 쌍의 첫 번째 것이 사라지고, 두 번째 것만 우리에게 남을 것이다. 언젠가는 하늘과 땅이 새 창조 세상에서 만날 것이고, 하나님은 우리 눈에서 모든 눈물을 닦아 주실 것이다(계 21:4). 여자의 몸으로 사는 삶이 때로 우리를 울게 만들지 모른다. 하지만 그날이 오면, 그때부터 우리 눈물은 기쁨으로 바뀔 것이다.

우리는 이 모든 것을 다 알고 있다. 하지만 때로는 그것이 전혀… 다른 세상 이야기처럼 느껴진다. 나와는 동떨어진, 꿈같은, 비현실적인 이야기.

내가 월경에 감사하는 것은 바로 그래서다. 사춘기에서부터 폐경기에 이르기까지 여자들은 아주 규칙적으로 피를 접하게 된다. 눈으로 보고, 냄새 맡고, 느낀다. 피는 우리의 침대 시트에도 배고, 손톱 밑에도 스며든다. 우리에게 피는 현실이다. 그래서 피는 앞으로 맞게 될 어떤 현실적인 날을 실질적으로 일깨워 주는 역할을 할 수 있다. 우리를 비롯해 하나님의 모든 백성이 피에 씻긴 흠 없는 흰옷을 입고 하나님의 보좌를 중심으로 모이게 될 날. 앞에 인용한 찬송가의 다른 가사처럼 "구원받았으니 더는 죄짓지 않게" 될 날. 고통과 두려움이 사라지게 될 날. 그리스도의 보혈이 최종 권위를 갖게 될 날.

그날은 오늘 우리 손톱 밑에 스며든 피처럼 우리에게 현실이 될 것이다.

부록

아주 많은 질문

1. 하와는 에덴동산에서 월경을 했을까? 우리는 새 창조 세상에서도 월경을 할까?

이 질문이 흥미로운 이유는, 성경의 장대한 구속 이야기에 비추어 월경을 고찰할 때 우리가 마주하게 되는 긴장의 핵심에 실제로 닿아 있기 때문이다. 성경의 틀 안에서 월경은 긍정적인가, 부정적인가? 월경은 건강한 생식 능력과 생명의 상징인가, 아니면 좌절된 생식 능력과 죽음의 상징인가? 타락 전에도 월경이 존재했다면(하지만 통증은 전혀 없었을 것이 분명하다), 이 두 질문에 대한 답변은 모두 첫 번째다. 반면, 월경이 질병과 고통과 좌절과 함께 세상에 들어왔다면, 이 질문들에 대한 답변은 대개 두 번째일 것이다. (월경 자체가 타락의 상징이었을 터이므로, 어떤 면에서 이는 구약에서 월경이 왜 여자를 불결하게 만드는지 그 이유를 설명해 주기도 한다.)

이 질문은 다음과 같은 식으로도 달리 표현할 수 있다. 하나님의 원래 구상에서 인간은 "땅에 충만하라, 땅을 정복하라"(창 1:28)는 신적 사명을 부여받았는데, 그렇다면 여자는 영구한 생식 능력을 지닌 상태로 존재했을까? 아니면 (지금 우리처럼) 한 달에 이틀 정도 제한된 기간 동안만 생식력을 가질 수 있었을까?

후자라면, 생식력의 주기적 성질은 어쩌면 계절의 주기적 성질과 더 비슷하며, 이것이 하나님의 선한 원래 구상의 일부였던 것으로 보인다(창 1:14). 이 경우, 타락하기 전 세상에도 어쩌면 월경 주기가 있었으나, 몸이 자궁벽을 몸 밖으로 흘려 내보내기보다 (1장에서 살펴본 대다수 동물의 경우처럼) 재흡수하지 않았을까? 우리는 그저 추측만 할 수 있을 뿐이다.

나는 월경이 새 창조 세상의 일부가 아니리라는 점은 좀 더 확실하게 말할 수 있다고 생각한다. 예수님은 새 창조 세상에는 결혼이 없을 거라고 말씀하신다. 결혼이 가리키는 더 좋은 현실, 즉 그리스도와 교회의 완전한 연합이 성취될 것이니 말이다(눅 20:34-36; 엡 5:31-32). 그뿐 아니라, 요한계시록은 하나님 백성의 수(數)가 다 찰 것이라고 말하며(계 7:4-8; 19:5), 따라서 더는 생물학적 생식을 통해 땅에 '충만해질' 필요가 없을 것이다. 이 모든 것을 종합해 보면 월경 주기는 불필요해진다.

물론 내 생각이 틀렸을 수도 있다. 우리가 그곳에 이르게 되면 모든 걸 확실히 알게 될 것이다!

2. 오늘날의 그리스도인은 아내의 월경 기간 중에 성관계를 해도 괜찮을까?

목회자인 내 친구는 수년간 이런 질문을 많이 받았다고 한다. 이런 질문은 깊이 생각하면 할수록 답변이 점점 더 모호해지는 질문으로 손꼽힌다.

우리가 아는 데서 시작해 보자. 구약 시대에는 여자가 월경 중일 때 남녀가 성관계를 갖는 것은 불법이었다. 이는 레위기 18장에 다른 여러 성적인 죄들(주로 근친상간 죄)과 나란히 명문화되어 있다. "너는 여인이 월경으로 불결한 동안에 그에게 가까이 하여 그의 하체를 범하지 말지니라"(레 18:19). 레위기 20장에는 이 각각의 죄들을 어떻게 처벌할지 열거되어 있다. 이 경우, "누구든지 월경 중의 여인과 동침하여 그의 하체를 범하면 남자는 그 여인의 근원을 드러냈고 여인은 자기의 피 근원을 드러내었음인즉 둘 다 백성 중에서 끊어지리라"(레 20:18). (눈썰미 있는 독자라면 이 처벌이 15:24의 "누구든지 이 여인과 동침하여 그의 불결함에 전염되면 이레 동안 부정할 것"이라는 처벌보다 훨씬 더 가혹하다는 것을 눈치챌 것이다. 주석가 고든 웬함은 15장의 이 구절이 고의적 범죄가 아니라 우연한 사건을 가리킨다고 주장함으로써, 즉 성관계를 갖는 중에 여자가 월경을 시작하는 경우를 뜻한다고 말함으로써 이런 차이를 조정한다.)°

그러므로 이 질문은 이렇게 읽어야 한다. 월경 중의 성관계를 금하는 율법은 오늘날의 그리스도인에게도 여전히 구속력을 갖는가?

3장에서 보았다시피, 신약 시대 신자인 우리와 구약 시대 율법 사이의 관계는 간단하지만은 않다. 예수님은 자신이 율법을 폐하러 온 게 아니라 완성하러 왔다고 말씀하셨다(마 5:17). 의식과 의례에 관한 율법의 요구는 예수님이 죄를 위해 단번에 치르신 희생으로 영원히 성취되었다.

° 『NICOT 레위기』, p. 220를 보라.

"이제는 우리가…율법에서 벗어났으니 이러므로 우리가 영의 새로운 것으로 섬길 것이요"(롬 7:6). 레위기의 율법은 특정한 시대를 위해 이스라엘 민족에게 주어졌다. 물론 하나님의 새 언약 백성은 이제 하나의 민족 상태로 존재하지 않기에, 레위기 20장에 나열된 처벌도 더는 실행되지 않는다. (근친상간 사건 처리에 관해 바울이 고린도 교회에게 어떤 지침을 주는지 고전 5장에서 확인할 수 있다.)

하지만 신약성경은 일부 율법이 여전히 그리스도인들을 향한 명령이라는 점을 분명히 한다. (이번에도 고전 5장을 보라!) 예수님은 율법을 폐하러 오신 게 아니었으며, 예수님은 하나님의 율법이 우리의 행실 못지않게 우리의 행동 동기와 생각을 다스리기 위한 것임을 지적함으로써 긴장의 수위를 높이셨다(마 5:21-48).

그러면 여기 레위기 18:19에서 우리가 다루는 문제는 무엇인가?

먼저, 월경 중의 성관계를 금지하는 이 구절은 정통 기독교 성윤리에서 여전히 도덕적으로 금지된다고 여길 만한 다른 여러 행실의 목록(예를 들어, 6절의 "각 사람은 자기의 살붙이를 가까이 하여 그의 하체를 범하지 말라", 20절의 "네 이웃의 아내와 동침하…지 말지니라", 23절의 "짐승과 교합하여 자기를 더럽히지 말…라")과 나란히 등장한다. 그러므로 월경 중의 성관계는 간음과 마찬가지로 어떤 시대 어떤 문화에서든 잘못된 행동 아닌가? 18장의 목록 끝에서 "내가 너희 앞에서 쫓아내는 족속들이 이 모든 일로 말미암아 더러워졌고 그 땅도 더러워졌으므로 내가 그 악으로 말미암아 벌하고 그 땅도 스스로 그 주민을 토하여 내느니라"(18:24-25)라는 말씀을 보게 된다는 사실도 이 견해를 지지한다. 18장에서 나열된 행실들은 단지 이스라엘 백성들에게만 잘못된 행실이 아니었다. 이는 이스라엘 백성에 앞서 그곳에 살던 이방인들에게도 잘못된 행동이었다.

다른 한편으로, 케빈 드영(Kevin DeYoung)은 이 구절을 설교하면서 다음과 같이 말한다.

> "19절의 핵심 문구는 '월경으로 불결한'입니다. 남편은 아내가 월경으로 불결한 때는 성관계를 가지면 안 되었습니다. 그러므로 문제는 월경이 지금도 여전히 여자를 불결하게 만드느냐는 것입니다."

이 책 3장에서 본 것처럼, 이 질문에 대한 대답은 "아니다"이다. 그래서 드영은 다음과 같이 결론 내린다.

"정결함은 신약 시대에도 여전히 중요합니다만, 신약 시대의 정결은 의식(儀式)의 범주가 아니라 도덕의 범주가 됩니다. 정결함이란 하나님이 보시기에 도덕적으로 깨끗한 행위를 가리킵니다. 그러므로 이 문제의 영속적 원리는, 어떤 성 행위든 우리를 불결하게 만든다면 하나님의 백성에게 적절하지 않다는 것입니다. 출혈은 이제 더는 사람을 불결하게 만들지 않습니다."°

그런데 한 가지 중요하게 고려할 점은, 양심에 반하는 행동은 죄라는 것이다(롬 14:23). "무엇이든지 그 자체로 부정한 것은 없고, 다만 부정하다고 여기는 그 사람에게는 부정한 것입니다"(14절, 새번역). 다른 신자로 하여금 양심에 반하는 행동을 하게 만드는 것도 죄다. 이는 동료 신자를 사랑하지 않는 파괴적 행동이다(20절; 눅 17:1-2을 보라). 그러므로 여러분이나 여러분의 배우자가 월경 중의 성관계를 불편하게 여긴다면, 지나치다 싶을 정도로 조심하는 것이 경건한 행동이다.

° thegospelcoalition.org/blogs/kevin-deyoung/sermon-onleviticus-181-30-part-1/, 2020년 10월 20일.

3. 월경을 조절하거나 통증을 줄이기 위해 피임약을 사용해도 괜찮을까?

월경에 문제가 있는 많은 여성들에게 의사는 월경통을 줄이고 월경 주기를 조절하거나 월경을 아예 중단시키기 위해 피임약을 쓰라고 제안한다. [엄밀하게 말해, 복합 경구 피임약을 복용할 경우 매달 겪는 출혈은 월경이라기보다 '위축 출혈'(withdrawal bleed)이다.] 호르몬 대체 요법(HRT)은 (대개) 폐경기 증상을 완화하는 치료법이다. 그리스도인은 오늘날 유용한 어느 의약품이든 자유로이 쓸 수 있는 것처럼, 이 치료법도 원하는 대로 사용해서 폐경기 증상을 다스릴 수 있다. 많은 여성들에게 이 요법은 일종의 생명선이다. 21세기를 살기에 누릴 수 있는 이런 이점들에 대해 하나님을 찬양하라!

하지만 이 문제에 관해 인터넷을 검색해 봤다면, 다른 모든 의약품과 마찬가지로 호르몬 치료에도 위험과 부작용이 따르며, 사람에 따라 이 요법에 대한 신체적 반응이 각각 다르다는 것을 아마 알고 있을 것이다. 일부 여성 건강 전문가들은 의사들이 경구 피임약을 손쉽고 신속하게 처방하는 것을 비판하면서, 많은 여성들에게는 자연 요법이 그에 못지않게 효과적이고 전반적으로 더 건강에 좋다고 주장한다(하지만 피임약 처방만큼 가격이 저렴하고 복용이 간편하지는 않다).

자, 이제 지혜를 발휘할 순간이다. 어떻게 하는 게 지혜로운지는 사람마다 생각이 다를 것이다. 하지만 여느 의사결정과 마찬가지로, 지혜로운 길을 고르려면 먼저 생각하고 기도해야 하며, 종종 다른 사람의 조언도 필요하다. 감사하게도 그리스도인은 하나님이 우리의 날을 계수하신다는, 그리고 우리의 생명(과 건강)은 하나님의 손에 달렸다는 지식에 의지한다(시 139:16). 그러므로 먼저 기도하고 다른 이들의 조언을 구한 뒤 피임약을 복용하기로 선택한다면, 두려움이 아니라 믿음으로 하면 된다. "너희가 먹든지 마시든지 무엇을 하든지 다 하나님의 영광을 위하여 하라"(고전 10:31).

결혼한 사람이라면, 영국 국민보건서비스(National Health Service) 웹사이트에 실린 경구 피임약 종류 일곱 개 중에서 여섯 개는 임신을 방지하는 방법으로 자궁벽을 얇게 만들어 수정란의 착상 가능성을 줄인다는 중요한 사실도 알아두어야 한다. 잉태되는 순간부터(즉, 난자가 수정되는 순간부터) 생명이 시작된다고 여긴다면, 이러한 작용의 윤리적 성격도 매우 신중하게 고려할 필요가 있다. 경구 피임약마다 작용이 다르므로 찾아보는 게 아주 중요하다. 이는 피임(즉, '임신 방지')을 위해 다른 피임법을 쓰고자 하는 결정으로 이어질 수도 있다. 그러니 월경 때의 여러 증상을 관리하기 위해 어떤 식으로든 피임약을 쓰는 것은 그냥 그렇게 하는 것일 뿐이고 그 이상은 아니다.

4. 월경하는 사람들을 여자라고 불러야 할까?

이미 알아차렸을 수도 있지만, 여러 매체에서 "여자" 대신 "월경하는 사람"이라는 표현을 써서 이야기를 하는 경향이 점점 커지고 있다. 그런 표현을 써서, 트랜스 남성(trans men: 여성의 몸으로 태어났으나 남성이라는 성 정체성을 가진 사람—옮긴이)과 논바이너리(nonbinary: 여성과 남성이라는 이분법적 성별에 속하지 않는 사람—옮긴이)인 사람들, 즉 월경은 하지만 여성으로서의 정체성은 없는 사람들(그리고 여성 정체성을 가졌으나 월경은 하지 않는 사람들)의 존재를 (이들이 쓰는 표현을 사용하자면) 포괄한다는 것이다. 2020년에 『해리포터』 작가 J. K. 롤링이 왜 "여성"이라는 말 대신 "월경하는 사람들"이라는 표현을 기사 제목에 쓰는지 의문을 표하자 이 문제로 트위터에서 한바탕 폭풍이 몰아쳤다. 롤링은 트위터에 이렇게 썼다. "'월경하는 사람들.' 그런 사람들을 일컫는 단어가 있었던 것 같은데. 누가 좀 알려 줘요. 여주였던가? 여즈? 여즈아?"

이것이 왜 논쟁을 불러일으켰는가? 롤링의 글을 보고 영화배우 에디 레드메인이 이와 상반되는 반응을 보였기 때문이다. 에디 레드메인의 견해는 다음 발언에 잘 요약되어 있다. "트랜스 여성도 여성이고, 트랜스 남성도 남성이다." 그러므로 여자만 월경을 한다고 말하면 월경하는 트랜스 남성은 사실 남성이 아님을, 아니 적어도 태생적 남자와 정확히 똑같은 의미에서의 남자는 아님을 암시한다는 것이다(또한 월경하지 않는 트랜스 여성에 대해서도 이와 같이 말할 수 있다). 결국 이는 우리 문화에서 점점 몸집을 불려 가며 목소리를 높이는 집단의 성별 해석과 상충된다. 즉, 이들은 성별은 생물학적인 것이 아니라 우리가 표현하는 정체성이라고 말한다. 그리고 어떤 사람 스스로 규정한 정체성을 타인이 손상시키는 행위는 그 사람에게 상처를 주는 무례한 행위라는 것이다.

이런 논란을 둘러싼 서사는 지난 10여 년간 아주 극적으로 변화해 왔다. 2010년대 초 내가 대학에서 인문학을 공부할 당시 우리는 성(sex)은 생물학적인 것이지만 성별(gender)은 "표면에", 이를테면 문화적으로 정의되는 일련의 규범과 기대(복장과 행실 등에 관한)에 투영되는 사회적 구성이라고 배웠다. 혼란스러웠던 것은, 성을 이야기할 때도 '남자'와 '여자'라는 표현을 썼고 성별을 이야기할 때도 '남자'와 '여자'라는 표현을 썼다는 것이다.

이제 '남자'와 '여자'라는 단어는 오로지 성별의 범주에만 속한다는 기대가 점점 커지는 것 같다. 어떤 이들은 한 걸음 더 나아가, 성 자체는 이분법적이지 않다고 주장한다. 즉, 세상에는 양성(兩性)만 있는 게 아니라는 것이다. [이 견해를 지지하는 이들은 때로 간성(間性), 즉 성별이나 염색체 패턴이 모호한 사람들의 존재를 지적하기도 한다.] 결정적으로, 성별은 (내가 10년 전에 배운 것처럼) 사회가 외부에서 우리에게 강요하는 것이라기보다, 주로 어떤 사람이 자기 내면으로부터 표현하는 선천적 정체성으로 간주된다.

여기서 눈에 띄는 것은, 이 모든 주장에도 불구하고 다른 영역에서는 '남자'와 '여자'를 성으로 등식화하는 것을 문제 삼지 않는다는 것이다. 예를 들어 코로나 19로 인한 상대적 사망률을 논할 때가 그렇다. 이는 성차(性差)가 생식기의 차이를 초월한다는 것을 암시한다. 예를 들어 남자와 여자의 몸이 의약품에 얼마나 다르게 반응하는지를 입증하는 목소리들이 점점 늘어나고 있다.° 다른 대화, 예를 들어 인종에 관해 대화할 때, 우리는 어떤 몸에 깃들여 사는가에 따라 세상을 경험하는 방식이 크게 달라진다고 주저 없이 인정한다. 위생을 증진하고 월경용품을 좀 더 쉽게 구할 수 있도록 애쓰고 월경의 오명을 벗기며 10대 여학생이 월경하는 중에도 학교에 갈 수 있도록 노력하는 것을 포함해, 세계 여성과 소녀들의 권리를 위한 구호 활동은 '여자'라는 표현에 의지해야 이 활동의 메시지를 전달할 수 있다. 나는 2020년 세계 월경 위생의 날을 자선단체 아이리스(Irise)가 '월경 하나의 세상'(One World Period) 캠페인을 위해 만든 영상을 보면서 기념했다. 영상에 맨 처음 등장한 셰필드 대학교의 마리아 톰린슨(Maria Tomlinson) 박사는 이렇게 말했다.

"정말로 중요한 것은 우리 모두가 계속 월경 이야기를 하는 것입니다.…월경 이야기를 할 때 우리가 쓰는 표현도 중요합니다. 포괄적인 언어를 쓰는 게 중요하며, 그래서 '월경하

○ 닥터 앨리슨 맥그리거의 『여자에게도 최고의 의학이 필요하다』(*Sex Matters: How Malecentric Medicine Endangers Women's Health and What We Can Do About It*, 지식서가) 같은 책이 있다.

는 사람들'이나 '월경용품' 같은 표현을 써야 합니다. '여성 위생'이나 '위생용품' 같은 표현은 피하는 게 좋은데, 왜냐하면 이런 표현은 월경하는 사람은 더럽다는 부정적 의미를 함축할 뿐만 아니라 모든 성별을 다 포괄하지도 못하기 때문입니다."

화면은 곧장 우간다 출신의 월경 활동가 수잔 케루넨(Suzan Kerunen)에게로 향했고, 케루넨은 이렇게 말했다.

"오늘 저는 '월경 하나의 세상' 캠페인에 참여하는 전 세계 수많은 여성들에게 제 목소리를 내고자 합니다. 자기 피부와 자기 몸을 편안하게 느끼는 것, 특히 월경 주기 중에도 그렇게 느끼는 것은 하나님이 모든 여성에게 주신 권리입니다. 우리나라 우간다에는 월경 주기라는 이 자연스러운 일 때문에 매달 학교에 결석하는 여학생이 28퍼센트가 넘습니다."°

불협화음이 두드러진다. 누가 누구의 권리를 말하는가?

그것이 우리 시대 문화가 바로 지금 하는 말이다. 하지만 성경은 뭐라고 말하는가? 자, 나는 이 책이, 이 작은

지면에는 다 담을 수 없는 풍성한 뉘앙스로, 성경이 하는 말을 차곡차곡 그려 보여 주었기를 바란다. 그러나 기본적으로 창세기 1장을 보면, 하나님이 인간을 자신의 형상을 따라 "남자와 여자"(창 1:27)로 지으신다. 그리고 바로 그다음 구절에서 하나님은 이들에게 말씀하신다. "생육하고 번성…하라"(28절). 이들의 남성성과 여성성은 (타락 전 완전한 상태에서) 이들이 지닌 생물학적 생식 능력과 동일시되었지, 정체성 의식이나 일련의 사회적 기대와 동일시되지 않았다. 성별은 무엇보다 먼저 창조주가 이들에게 주시는 것이지, 이들이 수행(遂行)하는 게 아니다.

인간에 대해 어떤 권위를 지니는 수여자가 존재한다는 개념을 거부하는 문화(창 3장에서 최초의 남자와 여자가 선악을 알게 하는 나무 앞에서 그 개념을 무시한 것처럼)를 향해 이런 말을 해 봤자 아무 의미도 없고 오히려 심한 무례로 취급되기는 하지만, 우리가 온전한 기독교 세계관을 받아들인다면 이는 사실 놀라울 만큼 우리를 자유롭게 한다. 이 세계관은 외부의 기대에 맞춰 살아야 한다거나 정해진 대

○ https://www.facebook.com/watch/live/?v=567345387258279&ref=watch_permalink, 2020년 10월 26일.

로 행해야 한다는 부담에서 우리를 자유롭게 해 준다. 외부의 기대에서 벗어나야 한다는 의무감에서도 우리를 해방시킨다. 기대에 맞춰 살아야 할 때는 언제이고 기대에서 벗어나야 할 때는 언제인지 계속 궁리해야 하는 어려움에서 우리를 해방시킨다. 그뿐 아니라, 그리스도 안에서 우리는 새로운 창조 세상에서 부활의 몸을 갖게 될 것을 약속받으며, 그 세상에서 우리는 마침내 수치, 오명, 불평등, 내면의 모든 갈등으로부터 완전히 자유로워질 것이다.

대학을 졸업한 후로 나는 "여자라는 것은 대체 무엇인가?"라는 질문에 몰두해 왔다. 나는 내가 제대로 하고 있는 것인지 알고 싶었던 것 같다. 하지만 여자로 존재한다는 것은 내가 해내야 하는 어떤 일이 아니다. 이는 나의 실제 존재다. 받아들여야 할 선물이다. 이 책을 쓰면서 내가 품은 큰 희망은, 여자로 존재한다는 것은 좋은 선물이라고 이 책을 통해 여러분과 나 모두가 확신하게 되었으면 하는 것이다.

5. 월경에 관해 자녀들에게 어떻게 이야기해야 할까?

이 책을 쓰는 동안 친구들에게 초경에 얽힌 이야기를 묻곤 했다. 대개는 아주 평범했고, 개중에 잊지 못할 경험담도 있었다. 시간의 안갯속에 완전히 묻혀 버린 기억도 있었다. 그런데 거의 모든 이야기에 등장하는 똑같은 조연이 있었으니 바로 어머니였다. 이야기 속에서 어머니는 필요한 바로 그때 거기 있기도 했고, 때로 침묵으로 자신의 존재를 뚜렷이 보여 주기도 했다. 어떤 때는 어머니가 자란 문화의 전통에 따라, 초경을 맞은 아이에게 삼촌들이 선물을 주는 파티를 열어 주기도 했다.

여러분이 지금 부모로서 이 책을 읽고 있다면, 자녀가, 특히 딸들이 월경에 관해 무엇을 알며 월경을 어떻게 생각하는지에 자신이 중요한 역할을 한다는 것을 아마 이미 감지하고 있을 것이다. 문제는, 월경에 대한 자녀의 지식과 생각이 올바른지 어떻게 확신하느냐는 것이다.

나는 부모 입장에서 삶의 이 측면을 경험하지 못했기 때문에 자녀가 있는 사람들에게 생각을 물었다. 이들의 답변에서는 세 가지 주제가 자주 등장했다.

터놓고 이야기하라. 자녀가 어렸을 때 무슨 이야기든 나눌 수 있고 질문을 언제나 환영하는 관계를 발전시키려 노력했다고 이야기하는 부모들이 많았다. 어떤 여성은 자신의 월경을 자녀에게 감추지 않았다고 한다. 그래서 아이들은 엄마가 월경을 한다는 것도 알고, 월경이 무슨 의미인지도 어느 정도 아는 상태로 성장했다고 한다. 이론적으로는 '월경 대화'가 대단한 비밀을 누설하는 게 아니라는 데 의견이 일치했다. 사실 월경에 관한 정보는 시간이 흐르면서 아이들과의 일상 대화 속으로 조금씩 스며들어 간다. 그렇기는 해도, 어떤 이들은 자녀와 함께 책을 읽었다.° 어떤 이들은 함께 산책할 때나 차를 타고 이동하는 동안 이런 종류의 대화를 하라고 권했다. 이런 대화를 할 때는 얼굴을 마주하기보다 나란히 앉는 게 덜 어색하다고 말이다.

주도적으로 대화하라. 성에 관한 이야기와 마찬가지로, 월경 이야기도 부모에게서 가장 먼저 듣는 게 이상적이다. 따라서 학교 교육과정에서 월경을 언제 다루는지 알아 두는 게 좋다. 여학생들은 대개 만 열두 살 무렵부터 월경을 시작하지만, 빠르면 여덟 살부터, 늦으면 열여섯 살이 되어야 시작하는 경우도 있을 수 있다. 보통은 가슴이 발달하기 시작한 지 2년쯤 후부터 월경을 한다. 어떤 어머니들은 아이들에게 위생용품을 보여 주면서, 이 용품을 집

° 크리스 리처즈(Chris Richards)·리즈 존스(Liz Jones)의 『하나님의 방식으로 자라는 딸들』(*Growing Up God's Way for Girls*) 같은 책이 있다.

안 어디에 두는지, 무엇에 쓰는 물건인지를 확실히 알려 준다고 했다.

긍정적인 태도를 보이라. 아이들이 생물학적 기초 사실을 파악하는 것도 중요하다. 하지만 그리스도인으로서 우리는 월경에 관한 대화를 기회로 삼아, 이 책에서 지금까지 생각해 본 중요 메시지를 아이들에게 확인시켜 줄 수 있다. 즉, 우리 몸은 선하고, 하나님이 우리를 남자와 여자로 창조하신 것도 선하며, 어머니 역할은 고귀한 소명이고 선한 선물이되 '어머니'가 되는 방법은 한 가지만 있는 게 아니라는 것을 말이다. 하나님은 남자든 여자든 우리 모두가 하나님의 교회를 세우는 데 힘을 쏟기 원하신다는 것을, 하나님은 통증을 포함하여 모든 것을 활용해 우리의 경건이 자라게 하신다는 것을, 그리고 몸 때문에 좌절하게 되는 바로 그때 우리 몸이 영광 중에 부활할 날을 기대할 수 있다는 것을 아이들에게 일깨워 줄 수 있다.

이런 내용은 세상이 월경에 관해 우리 아이들에게 주는 메시지가 아니다. 하지만 이는 딸이든 아들이든 아이들 모두가 들어야 할 메시지다. 그렇지만 이런 메시지 전달은 아이들이 사춘기에 이르기 전 단 한 번의 대화로 끝낼 일이 아니다. 이런 대화는 딸이나 아들이 청소년기를 지나는 동안 신앙을 훈련시키면서 계속 이어 나갈 수 있다.

마지막으로 한 가지 덧붙이자면, 자녀에게 월경에 대해 알려 주는 방법에 관해 내가 의견을 구했던 대다수 부모들은 당시에는 그런 대화를 그다지 잘 해내지 못했다고 스스로 평가했다. 하지만 이들의 자녀가 그 때문에 나중에 어떤 면으로든 상대적으로 어려움을 겪는 것 같지는 않았다!

6. 아내가 월경 때문에 정말 힘들어한다. 어떻게 도와줄 수 있을까?

이 질문에 대해서는 한 여성의 남편이자 목회자인 사람의 지혜를 따르기로 하자. 런던 랭엄 플레이스에 있는 올소울스 교회 담임목사인 리코 타이스에게 내가 이 책을 쓰고 있다고 처음 말했을 때, 타이스 목사는 (점심 식사 중의 대화에 갑자기 월경 이야기가 끼어들자 잠깐 놀란 듯하다가) 교회에서 커플을 대상으로 결혼 준비 교육을 할 때면 늘 월경에 대해 이야기한다고 했다. "이 영역을 완전히 무시하면 영적으로 공격을 받을 수 있다고 생각해요." 타이스 목사는 진지하게 말했다. 그는 월경 주기가 아내의 정서에 어떤 영향을 끼치는지 잘 관찰해서 아내에게 말해 주고, 아내가 육체적으로 고통을 겪거나 평소에 비해 감정적으로 격하게 반응하는 기미가 보이면 이를 자신의 일정표에 조심스레 기록해 두라고 남편 될 사람에게 권면한다. 또한 그런 시기에는 부부가 중요한 결정을 하는 것을 가급적 피하고, 의논을 하더라도 성급하게 결론 내리지 말고 며칠 후에 다시 한번 이야기를 나누라고 두 사람 모두에게 권면한다.

가장 중요한 점으로, 타이스 목사는 그런 날에는 조금 더 마음을 써서 아내를 사랑하고 보듬어 주라고 남편 될 사람에게 조언한다.

그런 날은 정확히 어떤 모습일까? 글쎄, 그건 아내에게 달린 일이다. 그러니 아내에게 물어보라! 이것이 아내가 매달 육체적으로든, 정서적으로든, 정신적으로든 붙들고 씨름하는 문제라면, 그 기간 동안 어떻게 하는 것이 아내를 최대한 사랑하는 길이겠는지 솔직하게 대화를 나누라. 아내가 과민하게 반응하는 거라고, 혹은 호르몬 때문에 그냥 기분이 그런 것일 뿐이라고 짐작하지 말라. 아내를 주변의 다른 여자들과 비교하지 말라. 그보다는, "마음을 같이하여 동정하며…[서로] 사랑하며 불쌍히 여기며 겸손하[라]"(벧전 3:8). 필요하다면 병원에 가 보라고 아내에게 권하라(이 책 63페이지를 보라). 아내를 위해 기도하라. 어떻게 해야 할지 불확실할 때는 실질적으로 아내를 섬길

방도를 주도적으로 찾으라. 침대 시트를 세탁하고, 핫팩을 데워 주고, 두어 시간이라도 아이들을 데리고 외출해서 아내가 쉴 수 있게 해 주라. 하나님이 서로에게 서로를 주신 이유는, 이런 일을 비롯해 결혼 생활이 우리 앞에 던져 놓는 그 모든 일을 통해 부부가 더욱 예수님을 닮게 하기 위해서라는 사실로 힘을 얻으라.

7. 목회자로서, 우리 교회에서는 이 영역에 관해 이야기를 해 보거나 이와 관련해 여성들을 지원한 적이 한 번도 없었음을 깨달았다. 내가 할 수 있는 일이 무엇일까?

주변 사람들에게 물어보라. 솔직하게 말하는데, 부디 꼭 그렇게 하라. 사람들에게 물어보라. 바라건대, 여러분의 교회에 디도서 2장에 나오는 나이 지긋한 여성들처럼 다른 여성들을 신앙으로 훈련시키는 일을 이미 하고 있는 이들이 있기를 바란다. 어떻게 지원을 해 주면 좋겠는지, 그런 섬김의 일을 하는 여성들에게 직접 물어보기 바란다. 바울은 "늙은 여자"들을 가르쳐서 "그들로 젊은 여자들을 교훈"할 수 있게 하라고 디도에게 말한다. 교회마다 형편이 다 다를 테니, 그 형편에서 가장 절실한 도움이 무엇일지는 그 여성들이 나보다 훨씬 더 잘 알 것이다.

모든 여성이 목회자와 월경 이야기를 하고 싶지는 않을 것이다. 목회자도 그게 적절하다고 생각하지 않을 것이다. 하지만 남자 교인이나 여자 교인 할 것 없이 진심으로 자기 양 무리를 온전히 목양(牧羊)하고자 하는 목회자라면, 설교의 적용 부분에서 약간 더 창의적으로 생각해 보는 것이 좋은 출발점이 될 것이다. "직장에서 스트레스를 받을 때" 같은 (다소 지루한) 시나리오 대신 "폐경기 경험" 같은 이야기를 꺼내 보는 것은 어떨까? 우리가 망가진 세상에서 살고 있다는 증거로 암이나 교통사고 같은 것만 나열했었다면, 자궁 내막증과 월경통 이야기도 해 보면 어떨까? 여자들의 이런 고투를 작게나마 인정하면, 이를 듣는 여성도들에게 큰 영향을 줄 수 있다. 목회자가 이런 일을 언급하면, '여성 건강 문제'라는 특정한 문제를 안고 있는 여성도들에게 하나의 신호가 된다. 이 문제로 목회자에게 기도와 목회적 지원을 요청해도 목회자가 전혀 불편해하지 않을 것이라는 신호 말이다.

참고 도서

기독교 도서

Linda Allcock, *Deeper Still: Finding Clear Minds and Full Hearts Through Biblical Meditation* (The Good Book Company, 2020).

Paul Barnett, *The Message of 2 Corinthians* (IVP UK, 1988). 『고린도후서』(IVP).

Mark Meynell, *Colossians For You* (The Good Book Company, 2018).

Kathleen Nielson, *Women and God: Hard Questions, Beautiful Truths* (The Good Book Company, 2018).

Nancy R. Pearcey, *Love Thy Body: Answering Hard Questions About Life and Sexuality* (Baker, 2018). 『네 몸을 사랑하라』(복있는사람).

Chris Richards and Liz Jones, *Growing Up God's Way for Girls*

(Evangelical Press, 2014).

Gordon Wenham, *The Book of Leviticus*, The New International Commentary on the Old Testament (Eerdmans, 1979). 『NICOT 레위기』(부흥과개혁사).

일반 도서

Nimko Ali, *What We're Told Not to Talk About (But We're Going to Anyway): Women's Voices From East London to Ethiopia* (Penguin, 2020).

Emma Barnett, *Period: It's About Bloody Time* (HQ, 2019).

Lynn Enright, *Vagina: A Re-Education* (Allen & Unwin, 2019).

Maisie Hill, *Period Power: Harness Your Hormones and Get Your Cycle Working for You* (Green Tree, 2019).

Alyson J. McGregor, *Sex Matters: How Male-centric Medicine Endangers Women's Health and What We Can Do About It* (Quercus, 2020). 『여자에게도 최고의 의학이 필요하다』(지식서가).

감사의 말

복음 안에서 동역자가 되어 준 더굿북컴퍼니의 모든 분께 무한히 감사드린다. 2020년이라는 기이한 시대를 살다 보니 어느 때보다도 감사한 마음이 크다. 약간 별난 이 발상을 어찌 되든 실행에 옮겨 보기로 해 준 출판부에도 감사드린다. 베서니를 비롯해 마케팅 팀에 감사드린다. 편집을 맡아 준 칼 레이퍼턴에게도 감사드린다. 어색할 수도 있는 주제였는데 전혀 그런 모습을 보이지 않은 칼의 태도는 정말 훌륭했다. 이제 칼은 내 월경에 관해 여성들과 함께 일하는 대다수 상사들보다도 더 잘 아는 사람이 되었다. 이 책을 옹호해 주어서, 저자인 나를 잘 설득해 주어서, 그리고 내가 긴장된다고 말할 때마다 참을성 있게 그 시간을 견뎌 주어서 감사해요, 칼.

월경에 얽힌 자신의 이야기와 생각을 용기 있게 털어놓아 준 모든 분에게 감사드린다. 특히 캐시 D., 케이티 B., 톰 W.는 원고를 읽고 꼼꼼히 피드백을 주어서 큰 도움이 되었다.

이 책의 대부분은 코로나 19 봉쇄 기간 동안 부모님 집에서 후한 대접을 받으면서 기획하고 집필했다. 늘 그랬듯 부모님과 우리 가족, 그리고 교회 식구들이 보여 준 사랑과 지지에 감사를 전한다.

옮긴이 오현미는 이화여자대학교 불어불문학과를 졸업했으며, 전문 번역가로 활동하고 있다. 옮긴 책으로는 『고린도에서 보낸 일주일』 『마크 존스의 예수 그리스도』 『마크 존스의 선행과 상급』(이상 이레서원), 『무한, 영원, 완전』(개혁된실천사), 『말씀의 성육신에 관하여』(죠이북스), 『겨울을 견뎌낸 나무』(비아토르) 등 다수가 있다.

월경, 어떻게 생각해?

초판 발행_ 2023년 3월 30일

지은이_ 레이첼 존스
옮긴이_ 오현미
펴낸이_ 정모세

펴낸곳_ 한국기독학생회출판부
등록번호_ 제2001-000198호(1978.6.1)
주소_ 04031 서울시 마포구 동교로 156-10
대표 전화_ (02)337-2257 팩스_ (02)337-2258
영업 전화_ (02)338-2282 팩스_ 080-915-1515
홈페이지_ http://www.ivp.co.kr 이메일_ ivp@ivp.co.kr
ISBN 978-89-328-1999-0

ⓒ 한국기독학생회출판부 2023

책값은 뒤표지에 있습니다.
무단 전재와 복제를 금합니다.